财务管理与会计学的发展与应用

张 波 赵丽美 张 扬 著

中华工商联合出版社

图书在版编目（CIP）数据

财务管理与会计学的发展与应用 / 张波，赵丽美，
张扬著. --北京 ：中华工商联合出版社，2024.6.
ISBN 978-7-5158-4000-0

Ⅰ．F275；F230

中国国家版本馆 CIP 数据核字第 2024K9C131 号

财务管理与会计学的发展与应用

作　　者：	张　波　赵丽美　张　扬
出 品 人：	刘　刚
责任编辑：	李红霞
装帧设计：	程国川
责任审读：	付德华
责任印制：	陈德松
出版发行：	中华工商联合出版社有限责任公司
印　　刷：	北京虎彩文化传播有限公司
版　　次：	2024 年 6 月第 1 版
印　　次：	2024 年 6 月第 1 次印刷
开　　本：	787mm×1092mm　1/16
字　　数：	139 千字
印　　张：	10
书　　号：	ISBN 978-7-5158-4000-0
定　　价：	68.00 元

服务热线：010-58301130-0（前台）

销售热线：010-58302977（网点部）

010-58302166（门店部）

010-58302837（馆配部、新媒体部）

010-58302813（团购部）

地址邮寄：北京市西城区西环广场 A 座

19-20 层，100044

http：//www.chgslcbs.cn

投稿热线：010-58302907（总编室）

前　言

　　财务管理是现代企业管理非常重要的组成部分，是关于资产购置、资本融通和经营中现金流量以及利润分配的管理。财务管理是企业管理的一个组成部分，是根据国家法律法规，按照财务管理的原则，组织企业财务活动，处理财务关系的一项经济管理工作。随着经济体制的发展和改革，财务管理在企业中的地位越发重要，财务管理的水平决定着企业的生产经营规模和市场竞争力，提高企业的财务管理水平已经成为现代企业在激烈的市场竞争中赖以生存和发展的主要保障。会计既是一门学问，又是一门艺术。由于它能被广泛地用来描述各种商业活动与经济行为，因此，会计也被称为是一种国际通用的"商业语言"。会计作为市场经济活动的重要组成部分，其信息质量的高低直接影响着经营者、投资人和社会公众等相关者的利益。科学、合理、有效的财务管理以及精准高效的会计工作，有助于企业在新时代经济中有条不紊地向前发展，获得更大的利益，同时创造更大的社会价值。

　　本书从财务管理、会计的基本理论入手，对现金管理、成本管理、投资管理、固定资产管理、建立效能型财务管理体制与会计管理模式、财务会计管理实践创新进行论述，系统地介绍了企业的财务管理与会计学的发展与应用，紧密联系当前的财务管理工作要求，注重理论与实务的结合。

在撰写过程中，笔者参考了大量国内外的相关书籍和教材，在此，谨向作者表示感谢！由于笔者学识水平和撰写时间等方面的限制，书中难免存在疏漏、不当之处，敬请各位读者朋友批评指正。

目 录

第一章

财务管理概述

第一节　财务管理的具体内容

一、财务

财务泛指财务活动和财务关系。财务活动是财务的形式特征，财务关系是财务的内容本质。

（一）财务活动

财务活动指企业再生产过程中的资金运动，即筹集、运用和分配资金的活动。在社会主义市场经济的条件下，企业生产的产品是商品，既然是商品必然具有使用价值和价值的二重性。与此相适应，企业再生产过程也同样具有二重性，它既是使用价值的生产和交换过程，又是价值的形成和实现过程。因此，对企业再生产过程不仅要通过实物数量及劳动时间组织进行核算和管理，而且还必须借助价值形式进行核算和管理。由于对价值形式的利用，在组织生产和进行分配与交换中，就必然存在着筹集、运用和分配资金的活动，它们是企业经济活动的一个独立部分，从而构成企业的财务活动。

1. 筹集资金

筹集资金是指企业遵照国家法律和政策的要求，从不同渠道，用各种方式，经济有效地筹措和集中生产经营以及企业发展所需资金的活动。它是企业进行生产经营活动的前提，也是资金运动的起点。在我国社会主义市场经济条件下，资金的筹集方式具有多样性，企业既可以发行股票、债券，也可以吸收直接投资或从金融机构借入资金。无论何种形式获得的资金，企业都需要为筹资付出代价，故因筹集资金所发生的资金流入和流出便形成了企业一项重要的经常性的财务活动。

2．运用资金

运用资金是指企业将筹集而获得的资金转化为内部营运和投放。内部营运表现为购买材料、商品、支付工资和其他费用及销售商品收回资金的资金收支活动；投放表现为购置资产、对外投资的资金支出和收回以及企业对内投资所形成的资产变卖和收回。不论是营运资金或投放资金，都是企业运用资金而引起的财务活动。

3．分配资金

分配资金是指企业通过资金的营运和投放，对取得的各种收入在扣除各种成本费用、税金后的收益进行分配的活动。该活动可以投资人收益或企业留存方式进行。企业在生产经营过程中所形成的经营成果和收益在分配中所发生的资金收入和退出同样也属于财务活动。

（二）财务关系

财务关系是指企业在组织财务活动的过程中与有关方面所发生的经济关系，主要表现在以下几个方面。

1．企业与国家之间的财务关系

企业与国家之间的财务关系具有双重性的特征。一方面，国家作为社会管理者的身份要以税收的形式无偿取得一部分纯收入，以维持国家机器的正常运转，保证其职能的履行。企业应遵守国家税法的规定，及时、足额向国家税务机关缴纳各种税款；另一方面，国家以国有资产所有者的身份，有权与其他所有者一样参与企业税后利润的分配。

2．企业与所有者之间的财务关系

企业的所有者向企业投入资金，形成企业的所有者权益，包括国家资本金、法人资本金、个人资本金和外商资本金。企业的所有者应按照出资比例或合同、章程的规定履行出资义务，企业实现利润后，则应定期向所有者分配利润。

3．企业与债权人、债务人之间的财务关系

现代企业往来结算频繁，债权、债务关系复杂，有的是企业与金融机构的关系，有的是企业与企业的关系，或是企业与个人的关系。企业必须合理调度资金，恪守信用，如期履行付款义务。同时，要求债务人依法按时偿还债务，务必使双方按照合约办事，继而促进社会主义市场经济的健康发展。

4．企业与内部各单位之间的财务关系

在企业内部实行经济核算制的条件下，企业内部各部门之间，在相互提供产品、材料或劳务时，也要进行内部计价结算，以明确各自的经济责任，从而体现企业内部的责权关系。

5．企业与职工之间的财务关系

在现阶段，企业应根据工资分配原则支付职工应得的报酬，以体现按劳分配的关系。随着知识经济时代的到来，企业与职工之间的财务关系的内涵必然会延伸，作为知识资本的所有者（职工和管理者），同其他资本所有者一样，还应参与税后利润的分配。

二、财务管理

（一）财务管理的含义

财务管理是基于企业再生产过程中客观存在的财务活动和财务关系而产生的，它是通过利用价值形式对企业再生产过程进行的管理，是组织财务活动、处理财务关系的一项综合性管理工作。

（二）财务管理的特点

财务管理和企业其他各项管理的根本区别在于它是一种价值管理。正基于此，财务管理具有以下特点。

1．涉及面广

财务管理与企业的各个方面具有广泛的联系。企业购、产、销、运、技术、设备、人事、行政等各部门业务活动的进行，无不伴随着企业资金的收支，财务管理的触角就必然要伸向企业生产经营的各个角落。每个部门都会通过资金的收付，与财务管理部门发生联系，并接受其指导和制约。

2. 灵敏度高

财务管理能迅速提供反映生产经营状况的财务信息。企业的财务状况是经常变动着的，具有很强的敏感性。各种经济业务的发生，特别是经营决策的得失，经营行为的成败，会及时在财务状况中表现出来。成品资金居高不下，往往反映产品不适销对路；资金周转不灵，往往反映销售货款未及时收取，并会带来不能按期偿还债务的后果。财务管理部门通过向企业经理人员提供财务状况信息，可以协助企业领导适时控制和调整各项生产经营活动。

3. 综合性强

财务管理以资金、成本、收入和利润等价值指标综合反映企业生产经营的物质条件，生产经营中的耗费和收回，生产经营的成果及其分配等情况，并据此及时掌握企业再生产活动中各种要素的增减变动及存在的问题，从而加强财务监督，促进企业改进生产经营管理方式。

（三）财务管理的内容

财务管理的内容是由企业资金运动的内容决定的，具体包括筹资管理、资金结构管理、流动资产管理、固定资产和无形资产管理、投资管理、收入管理和利润管理。此外，还包括财务管理的价值观念、财务控制以及财务分析等其他内容。

（四）财务管理的作用

财务管理的基本点是在社会主义市场经济条件下，按照资金运动的客观规律，对企业的资金运动及其引起的财务关系进行有效的管理。因此，它对企业经营目标的实现起着重要的、不可替代的作用。

1. 资金保证作用

资金是企业生产经营活动的"血液"，没有资金或资金不足，生产经营活动就无法进行或不能顺利进行，财务管理可以运用其特有的筹资功能，经常有效地筹集足额资金，保证企业生产经营的正常需要和满足企业发展的需要。

2．控制协调作用

现代企业作为一个市场主体，是一个极其复杂的人造系统。要想使其在激烈的市场竞争之中立于不败之地，自如地应对各种挑战，并取得长足发展，必须控制协调诸要素，使企业的再生产过程有序运行，而控制协调是财务管理的一项重要职能。只有强化财务管理，通过制定企业内部财务管理制度、编制财务预算、运用资金指标分解等办法，从制度和指标上具体规定各级、各部门的权责，才能及时发现并纠正存在的问题，改进工作，规范财务行为，提高经济效益。

3．综合反映作用

财务管理是利用价值形式对企业再生产过程进行的管理，这就必然使企业生产经营的过程和结果、各项专业管理的工作业绩和存在的问题能够直接通过财务管理综合地反映出来，从而不仅可以借助财务指标提供的信息及时发现生产经营活动中的得失、利弊，而且还可以通过对财务指标的分析和评价，总结经验教训，以便有针对性地采取有效措施予以纠正和改进，不断提高财务管理水平以及企业管理水平。

第二节　财务管理的目标

财务管理目标是企业在特定的理财环境中通过组织财务活动、处理财务关系要达到的目的。合理地确定企业财务管理的目标是进行财务管理工作的前提条件。财务管理是企业管理的一部分，从根本上说，企业的财务目标取决于企业生存目的或企业目标。

一、企业目标及对财务管理的要求

企业是依法设立的、以营利为目的的经济组织，其目标可以概括为生存、发展和获利。

（一）生存

市场具有选择性和风险性，企业在市场中生存下去的基本条件是以收抵支和到期偿债。

任何企业的出发点和归宿都是为了获利，生存是企业获利的首要条件。企业生存的基本条件是以收抵支，也就是企业在一定的经营期间所取得的收入要能补偿所耗费的各项生产要素的价值（即成本费用）；或者说企业在一定的经营期间所产生的现金流入量至少要等于现金流出量。

企业生存的另一个基本条件是到期偿还债务。企业常常会因资金周转困难而举债，甚至出于扩大业务规模以及负债经营的考虑盲目扩大负债规模，这都有可能会造成企业因无法偿还到期的债务而难以正常经营下去甚至倒闭。

可见，企业的生存主要面临两方面的威胁：一是长期亏损，它是企业终止的内在原因；二是不能偿还到期的债务，这是企业终止的直接原因。这就要求企业力求保持以收抵支和偿还到期债务的能力，减少破产的风险，使企业能够长期、稳定地生存下去。

（二）发展

企业必须在发展中求得生存，要发展就必须提升竞争力，而企业的发展集中表现为盈利能力的增强。因此，企业必须不断更新设备、技术和工艺，改进管理，提高产品质量，不断推出更好、更新的产品，扩大产品销售量，努力增加企业的销售收入。这就要求企业能够及时、足额筹集到其发展所需要的资金。

（三）获利

获利是企业生存的根本目的，获利就是超过企业投资额的回报。因此，企业在通过发展不断扩大收入的同时，必须减少资金耗费，合理有效地使用资金，提高资产利用率。

综上所述，获利是企业的出发点和归宿；企业必须生存下去才可能获利；企业只有不断发展才能求得生存。

二、财务管理目标的观点

财务管理是企业管理的一个组成部分，企业的一切管理工作都是围绕着企业的目标进行的，因此，财务管理的目标是由企业的目标所决定的。同时，整个社会经济体制、经济模式和企业所采用的组织制度也在很大程度上决定企业财务目标的取向。根据现代企业财务管理理论和实践，最具有代表性的财务管理目标主要有以下几种观点。

（一）利润最大化

利润最大化观点是假定在企业的投资预期收益确定的情况下，财务管理行为将朝着有利于企业利润最大化的方向发展。这种观点认为，利润代表了企业所创造的财富，利润越多，说明企业的财富增加得越多，越接近企业的目标。赚取利润是企业经营和发展的基本条件，企业只有盈利才能满足各利益相关者的基本利益要求，因此，企业应以利润最大化作为其财务管理的目标。

以利润最大化作为企业财务管理的目标，具有一定的合理性。第一，人类从事生产经营活动的目的是创造更多的剩余产品，在商品经济条件下，剩余产品的多少则可以用利润的多少来衡量。第二，利润最大化有利于资源的合理配置。在自由竞争的资本市场中，资本的使用权最终将属于获利最大的企业。第三，从社会角度来看，只有每个企业都最大限度地获得利润，整个社会的财富才可能实现最大化，才能带来社会的进步和发展。第四，企业如果追求利润最大化，就必须讲求经济核算，加强管理，这有利于经济效益的提高。

企业以利润最大化作为财务管理的目标存在以下几个方面的缺陷：一是利润最大化没能区分不同时间的报酬，没有考虑资金的时间价值；二是利润最大化没有反映所获利润和投入资本之间的关系，不利于不同规模的企业或同一企业的不同时期之间的比较；三是利润最大化没能考虑风险问题。企业为追求利润最大化往往很少考虑风险因素，由此很容易导致企业为了追求高利润而不顾风险的大小，致使企业所获得的利润与所冒的风险不相配，甚至出现得不偿失的情况；四是利润最大化往往会导致企业财务决策的短期行为，造成企业为了眼前利益，而不顾企业的长远发展，如忽视新产品的开发、技术设备的更新、人才资源的投资及社会责任的履行等。

由此可见，将利润最大化作为企业财务管理的目标，只是对经济效益的浅层次的认识，存在一定的片面性。所以，现代财务管理理论认为，利润最大化并不是财务管理的最优目标。

（二）股东财富最大化

股东财富最大化是指企业通过财务上的合理经营，为股东带来最多的财富。在股份制公司，股东的财富就由其所拥有的股票数量和股票的市场价格来决定，当股票数量一定时，股票价格达到最高，就能使股东财富达到最大。因此，股东财富最大化又可以理解为股票价格最大化。

以股东财富最大化作为财务管理的目标有其积极的意义：第一，股东财富最大化目标考虑了风险因素，因为风险的高低会对股票价格产生重要影响；第二，股东财富最大化在一定程度上能够克服企业在追求利润上的短期行为，企业只有从整体上考虑其经营策略，兼顾短期和长期的收益，做出最佳的财务决策，才能实现股票价格最大化；第三，股东财富最大化目标比较容易量化，可直接根据股票数量和股票市场价格计量股东财富的多少，便于公司进行合理的分析和考核。

企业以股东财富最大化作为财务管理的目标存在以下几个方面的缺陷：一是股东财富最大化只适用于上市公司，对非上市公司则很难适用；二是股东财富最大化强调了股东的利益最大，而对企业其他利益相关者的利益重视不够，片面追求股东财富的增大可能导致其他利益相关者的收益下降；三是股票价格受多种因素影响，并非都是公司所能控制的，将不可控因素纳入财务管理目标存在一定的不合理性。

尽管股东财富最大化存在上述缺点，但如果一个国家的证券市场高度发达，市场效率极高，上市公司就可以将股东财富最大化作为财务管理的目标。

（三）企业价值最大化

现代企业理论认为，企业是多边契约关系的总和，或者说它是由各利益相关者通过契约形成的联合体。企业的股东、债权人、经理阶层、一般职工等都是企业收益的贡献者，对企业的发展起着重要的作用，他们也应该是企业收益的分享者。只有在协调和满足各方利益要求的前提下，企业才能不断发展。从这个意义上说，不能将财务管理的目标仅仅归结为某一利益集团的目标。因此，股东财富最大化不是财务管理的最优目标。从理论上来讲，因为各个利益集团的目标都可以折中为企业长期稳定发展和企业总价值的不断增长，各个利益集团都可以借此来实现他们的最终目的。所以，以企业价值最大化作为财务管理的目标，比以股东财富最大化作为财务管理目标更科学。

企业价值最大化是指通过企业财务上的合理经营，采用最优的财务政策，充分考虑资金的时间价值和风险与报酬的关系，在保证企业长期稳定发展的基础上使企业总价值达到最大。这一观点的基本思想是将企业长期稳定的发展和持续的获利能力放在首位，强调在企业价值增长中满足各方利益。企业价值不是账面资产的总价值，而是企业全部财产的市场价值，它反映了企业潜在或预期获利能力。投资者在评价企业价值时，是以投资者预期投资时间为起点的，并将未来收入按预期投资时间的同一口径进行折现，未来收入的多少按可能实现的概率进行计算。可见，这种计算办法考虑了资金的时间价值和风险问题。企业所得的收益越多，实现收益的时间越近，应得的报酬越是确定，则企业的价值越大。

以企业价值最大化作为财务管理目标，其积极意义可概括为四个方面：第一，价值最大化目标克服了股东财富最大化目标追求股东财富的情况，在追求股东财富增大的同时，兼顾了其他利益相关者的利益，可保证企业协调稳定地发展；第二，价值最大化目标考虑了资金的时间价值和投资的风险价值，强调企业长期稳定地发展，兼顾了风险和收益的均衡，考虑了风险对企业价值的影响；第三，价值最大化目标能克服企业在追求利润上的短期行为，因为不仅目前的利润会影响企业的价值，而且预期未来的利润对企业价值的影响所起的作用更大，进行企业财务管理，就是要正确权衡报酬增加与风险增加的得与失，努力实现二者之间的最佳平衡，使企业价值达到最大；第四，价值最大化目标有利于社会资源合理的配置。

因此，以企业价值最大化作为企业财务管理的目标，反映了企业经营的本质要求，体现了对经济效益的深层次认识，它是现代财务管理的最优目标。

以企业价值最大化作为财务管理的目标也存在着三点问题：一是对于上市企业，虽然可以通过股票价格的变动反映企业价值，但是股价是受多种因素影响的结果，特别在即期市场上的股价不一定能够直接揭示企业的获利能力，只有长期趋势才能做到这一点；二是为了控股或稳定购销关系，现代企业多采用环形持股的方式，相互持股，法人股东对股票市价的敏感程度远不及个人股东，他们对股价最大化目标没有足够的兴趣；三是对于非股票上市企业，只有对企业进行专门的评估才能真正确定其价值。而在评估企业的资产时，由于受评估标准和评估方式的影响，这种估价不易做到客观和准确，这也导致难以确定企业价值。

三、企业财务管理的目标与社会责任

企业财务管理的目标是追求企业价值最大化，维护利益相关者的利益。但企业在追求价值最大化的过程中不能忽视其应承担的社会责任。企业对社会应承担的责任包括：保护消费者的权益；向职工支付合理的工资，对职工进行必要的业务技术培训，创造安全的工作环境；保护环境、控制污染、支持公益事业性活动等。企业财务管理目标与社会责任的关系是既对立又统一的关系。

（一）企业财务管理目标与社会责任的一致性

企业要承担的社会责任与其财务目标从实质上或长期看是一致的。理由是，企业为了实现财务管理的目标，必须生产或销售适销对路的产品，而适销对路的产品既能够满足社会的需求，也能够体现企业的价值；企业为了实现财务管理目标，必须不断改进生产技术手段和经营管理水平，发展和应用高新技术，提高生产力水平，从而带动社会的进步；企业为了实现财务管理的目标，就要努力挖掘潜力，增加收入和利润，实现商品的增值，为国家提供更多的税收，壮大国家的财政实力。

（二）企业财务管理目标与社会责任的不一致性

从长期看，尽管企业要承担的社会责任与其财务目标是一致的，但在具体的或短期的目标上也存在诸多矛盾。有时，企业会因为承担社会责任而使其加大支出或费用，减少当期利润，从而影响到股东利益和企业实力。例如，为了防止环境污染，企业就要付出较高的治污费用；为了社会的安定，企业必须慎重对待劳务支出，增加失业保险或其他社会保障的费用。但是，企业应该承担多少社会责任，没有一个明确的标准和界限，这些都会使企业的财务管理目标与其社会责任发生矛盾。这些矛盾需要通过商业道德的约束、政府部门的行政管理，以及社会舆论的监督予以协调和解决。

可见，从表面上或短期来看，企业履行一定的社会责任可能减少了收益或增加了现金的支出，影响了企业当前的利润；但从实质上或长期来看，企业履行必要的社会责任，是为公司的生存和发展创造条件，也是为了实现公司的财务目标。因此，企业实现财务管理的目标与履行相应的社会责任既对立又统一。

四、财务管理目标的协调

现代企业是建立在一系列相互联系的契约之上的经济和法律主体，签订契约的各有关方面，形成了企业的利益相关者，如企业的所有者、债权人、经理、职工、供应商、客户、政府及社会等，这些利益紧密相连的相关者因契约内容的不同而对企业的利益要求也不相同。一方面，他们具有共同的目标，即希望企业经营成功并不断地发展；另一方面，其利益又存在矛盾和冲突。企业财务管理的目标是企业价值最大化，根据这一目标，企业只有通过对各利益相关者之间矛盾的协调，才能最终实现企业价值的最大化。在企业的多个利益相关者中，企业所有者与经营者之间、所有者与债权人之间的矛盾是企业中的主要矛盾。因此，如何协调它们之间的矛盾对实现企业价值的最大化有着重要的影响，这也是财务管理必须解决的问题。

（一）所有者与经营者之间的矛盾与协调

1. 所有者与经营者之间的矛盾

企业的出资人即所有者将资金投向企业，委托经营者进行管理，这样，企业所有权与经营权的分离形成了企业所有者与经营者之间的委托代理关系。企业是所有者即股东的企业，所有者因享有剩余收益的索取权而追求股东财富最大化，故希望经营者努力工作，以实现股东财富最大化目标。从理论上讲，作为代理人的经营者应该为实现股东财富最大化目标而努力工作，但作为享有企业的经营权和劳动报酬索取权的经营者，其目标则是自身效用最大化，即他可能更关心个人财富的增长、闲暇时间的增多以及对经营风险的回避等个人利益。这种对个人利益的关心在一定程度上限制了他们为谋求股东财富最大化作出努力，甚至在经营者控制企业主要经营活动的情况下，极易产生为了实现个人效益最大化而背离股东利益的问题。这种背离表现在两个方面：逆向选择和道德风险。如在经营者的管理报酬一定的情况下，经营者可能希望得到更多的在职消费；当公司的长期目标与短期目标不一致时，经营者会为了实现其任职期限内的经营目标而不顾长期目标，牺牲公司的长期利益可能会直接导致股东财富的减少。

2. 所有者与经营者之间矛盾的协调

实际上，经营者和所有者的主要矛盾就是经营者希望在提高企业价值或股东财富的同时，能更多地增加个人效用；而所有者和股东则希望以较小的成本支出带来更高的企业价值或股东财富。为了解决这一矛盾，通常是采取让经营者的报酬与绩效相联系的办法，通过企业内部和外部合理的约束及激励机制促使股东和经营者为了共同的目标而努力。

（1）激励

激励是一种将经营者的报酬与其绩效挂钩的办法，激励的依据是公司的经营业绩。激励有两种基本方式。①"股票选择权"方式。它允许经营者以固定的价格购买一定数量的公司股票，股票的价格高于购买的价格越多，经营者所得的报酬就越多，经营者为了获取更大的股票涨价益处，就必然主动采取能够提高股价的行动。②"绩效股"形式。在这种形式下，公司运用每股收益、资产报酬率等指标来评价经营者的业绩，视其业绩大小给予经营者数量不等的股票作为报酬。如果公司的经营业绩未能达到规定目标，经营者也将丧失部分原先持有的"绩效股"，这种方式使经营者不仅为了多得"绩效股"而不断采取措施提高公司的经营业绩，而且经营者为了使每股市价最大化，也会采取各种措施使股票市价稳定上升。将经营者的报酬与公司经营业绩结合起来是目前普遍采取的一种激励方式。这种方式可确保经营者在追求自身利益的同时也能够增大股东财富。

（2）解聘

解聘是一种通过所有者对经营者进行约束的办法。所有者可通过与经营者签订目标合同、审计财务报表以及限制经营者的决策权等，对经营者予以监督，如果经营者得到了必要的报酬补偿仍未能使企业价值达到最大，所有者即可采取相应的方式解聘经营者。经营者因担心被解聘而被迫努力工作以实现企业财务管理目标。

（3）接收或吞并

这是一种来自资本市场的对经营者的约束机制。如果经营者经营决策失误、经营不善而导致股价过低，又未能采取有效措施使企业价值提高，该公司很可能就会被其他公司强行接收或吞并，经营者也相应地会被解聘。因此，经营者为了避免公司被接收，必须采取一切措施提升公司的经营业绩，提高股票市价。

（二）所有者与债权人之间的矛盾与协调

1. 所有者与债权人之间的矛盾

债权人把资金交给企业，其目标是到期收回本金，并获得约定的利息收入；而企业的所有者将获得的资金用于经营，然后从税后利润中分配利润。所有者的财务目标可能与债权人期望实现的目标发生矛盾，借款一旦成为事实，债权人就失去了资金控制权，所有者可以通过经营者为了自身利益而伤害债权人的利益。

第一，股东不经债权人的同意，投资于比债权人预期风险要高的新项目。所有者可能希望通过投资于高风险项目而获得高收益，但债权人则希望公司收益稳定。若高风险的项目一旦成功，额外的利润就会被所有者独享；但高风险项目投资失败的损失则可能由债权人和股东共同承担，这对债权人来说风险与收益是不对称的。第二，所有者或股东未征得债权人同意，而迫使经营者发行新债券或举借新债，致使旧债券的价值降低（因为相应的偿债风险增加），使原有债权人蒙受损失。

2. 所有者与债权人之间矛盾的协调

为协调所有者与债权人之间的矛盾，一般在签订债务契约时增加限制性条款进行约束和协调。通常可采用两种方式：一种是限制性借款，即在借款合同中加入某些限制性条款，如规定借款的用途、借款的担保条款和借款的信用条件等；另一种是收回借款或不再借款，即当债权人发现公司有侵蚀其债权价值的意图时，采取收回债权或不给予公司重新放款的措施，从而来保护自身的权益。

第三节　财务管理的原则

财务管理的原则也称理财原则，是指人们对财务活动共同的、理性的认识。它是联系理论与实务的纽带。财务管理理论是从科学的角度对财务管理进行研究的成果，通常包括假设、概念、原理和原则等。财务管理实务是指人们在财务管理工作中使用的原则、程序和方法，理财原则是财务管理理论和实务的结合部分。

对于如何概括理财原则，人们的认识不完全相同。当前，管理学科中最具有代表性的理财原则有自利行为原则、双方交易原则、信号传递原则、引导原则、比较优势原则、净增效益原则、风险—报酬权衡原则、资本市场有效原则和货币时间价值原则等。

一、自利行为原则

自利行为原则是指人们在进行决策时按照自己的财务利益行事，在其他条件相同的条件下，人们会选择对自己经济利益最大的行动。

自利行为原则的依据是理性的经济人假设。该假设认为，人们对每一项交易都会衡量其代价和利益，并且会选择对自己最有利的方案来行动。自利行为原则假设企业决策人对企业目标具有合理的认识程度，并且对如何达到目标具有合理的理解。在这种假设情况下，企业会采取对自己最有利的行动。自利行为原则并不认为钱是任何人生活中最重要的东西，或者说钱可以代表一切。问题在于商业交易的目的是获利，在从事商业交易时人们总是为了自身的利益做出选择和决定，否则他们就不必从事商业交易。自利行为原则也并不认为钱以外的东西都是不重要的，而是说在"其他条件都相同时"，所有财务交易集团都会选择对自己经济利益最大的行为。

二、双方交易原则

双方交易原则是指每一项交易都至少存在两方，在一方根据自己的经济利益决策时，另一方也会按照自己的经济利益决策行动，在做决策时要正确预见对方的反应。

双方交易原则的建立依据是商业交易至少有两方，交易是"零和博弈"以及各方都是自利的。每一项交易都有一个买方和一个卖方，这是不争的事实，无论是买方市场还是卖方市场，在已经成为事实的交易中，买进的资产和卖出的资产总是一样多。例如，在证券市场上卖出一股就一定有一股买入。既然买入的总量与卖出的总量永远一样多，那么一个人的获利只能以另一个人的付出为基础。一个高的价格使购买人受损而卖方受益；一个低的价格使购买人受益而卖方受损，一方得到的与另一方失去的一样多，从总体上看双方收益之和等于零，故称为"零和博弈"。在"零和博弈"中，双方都按自利行为原则行事，谁都想获利而不是吃亏。那么，为什么还会成交呢？这与事实上人们的信息不对称有关。买卖双方由于信息不对称，因而对金融证券产生不同的预期。不同的预期导致了证券买卖，高估股票价值的人买进，低估股票价值的人卖出，直到市场价格达到他们一致的预期时交易停止。如果对方不认为对自己有利，他就不会和你成交。因此，在决策时不仅要考虑自利行为原则，还要使对方有利。

三、信号传递原则

信号传递原则是指行动可以传递信息，并且比公司的声明更有说服力。信号传递原则是自利行为原则的延伸。因为人们或公司是遵循自利行为原则的，所以一项资产的买进能暗示出该资产物有所值，买进的行为提供了有关决策者对未来的预期或计划的信息。例如，一个公司决定进入一个新领域，反映出管理者对自己公司的实力以及新领域的未来前景充满信心。

信号传递原则要求根据公司的行为判断它未来的收益状况。例如，一个经常用配股的办法找股东要钱的公司，很可能自身产生现金能力较差；一个大量购买国库券的公司，很可能缺少好的投资机会；内部持股人出售股份，常常是公司盈利能力恶化的重要信号。有时候行动通常比语言更具说服力，这就是通常所说的，"不但要听其言，更要观其行"。

四、引导原则

引导原则是指当所有办法都失败时，寻找一个可以信赖的榜样作为自己的引导。所谓当所有办法都失败，是指人们的理解力存在局限性，不知道如何做对自己更有利；或者寻找最准确答案的成本过高，以至于不值得把问题完全搞清楚。在这种情况下，不要继续坚持采用正式的决策分析程序，包括收集信息、建立备选方案、采用模型评价方案等，而要直接模仿成功榜样或者大多数人的做法。

引导原则只在两种情况下适用：一是理解存在局限性，认识能力有限，找不到最优的解决办法；二是寻找最优方案的成本过高。在这种情况下，跟随值得信任的人或者大多数人才是有利的。

五、比较优势原则

比较优势原则的依据是分工理论。让每一个人去做最适合他做的工作，让每一个企业生产最适合它生产的产品，社会的经济效率才会提高。

比较优势原则的一个应用是"人尽其才、物尽其用"。在有效的市场中，不必要求自己什么都能做得最好，但要知道谁能做得最好。如果每个人都去做能够做得最好的事情，每项工作就找到了最称职的人，就会产生经济效率。每个企业要做自己能做得最好的事情，一个国家的效率就提高了。国际贸易的基础，就是每个国家生产它最能有效生产的产品和劳务，这样可以使每个国家都受益。

六、净增效益原则

净增效益原则是指财务决策建立在净增效益的基础上，一项决策的价值取决于它和替代方案相比所增加的净收益。

一项决策的优劣是与其他可替代方案（包括维持现状而不采取行动）相比较而言的。如果一个方案的净收益大于替代方案，就认为它是一个比替代方案好的决策，其价值是增加的净收益。在财务决策中净收益通常用现金流量计量，一个方案的净收益是指该方案现金流入减去现金流出的差额，也称为现金流量净额。一个方案的现金流入是指该方案引起的现金流入量的增加额；一个方案的现金流出是指该方案引起的现金流出量的增加额。方案引起的增加额是指这些现金流量依存于特定方案，如果不采纳该方案就不会发生这些现金流入和流出。

七、风险—报酬权衡原则

风险—报酬权衡原则是指风险和报酬之间存在一个对等关系，投资人必须对报酬和风险做出权衡，为追求较高报酬而承担较大风险，或者为减少风险而接受较低的报酬。所谓的对等关系，是指高收益的投资机会必然伴随巨大风险，风险小的投资机会必然只有较低的收益。

在财务交易中，当其他一切条件相同时，人们倾向于高报酬和低风险。如果两个投资机会除了报酬不同以外，其他条件（包括风险）都相同，人们会选择报酬较高的投资机会，这是自利行为原则所决定的。如果两个投资机会除了风险不同以外，其他条件（包括报酬）都相同，人们会选择风险小的投资机会，这是风险反感决定的。所谓风险反感是指人们普遍对风险有反感，认为风险是不利的事情。肯定的 1 元钱，其经济价值要大于不肯定的 1 元钱。

如果人们都倾向于高报酬和低风险，而且都在按照他们自己的经济利益行事，那么竞争结果就产生了风险和报酬之间的权衡。人们不可能在低风险的同时获取高报酬，因为这是每个人都想得到的，即使某个人最先发现了这样的机会并率先行动，别人也会迅速跟进，竞争会使报酬率降至与风险相当的水平。因此，现实的市场中只有高风险同时高报酬和低风险同时低报酬的投资机会。

如果想有一个获得巨大收益的机会，就必须冒可能遭受巨大损失的风险，每一个市场参与者都在其风险和报酬之间做权衡。有的人偏好高风险、高报酬，有的人偏好低风险、低报酬，但是每个人都要求风险与报酬对等，不会去冒没有价值的风险。

八、资本市场有效原则

资本市场是指证券买卖的市场。资本市场有效原则是指在资本市场上频繁交易的金融资产的市场价格反映了所有可获得的信息，而且面对新信息完全能迅速地做出调整。

市场有效性原则要求理财时慎重使用金融工具。如果资本市场是有效的，购买或出售金融工具的交易的净现值就为零（价值与价格相等）。公司作为从资本市场上取得资金的一方，很难通过筹资获取正的净现值（增加股东财富）。公司的生产经营性投资带来的竞争是在少数公司之间展开的。一个公司，因为它有专利权、专有技术、良好的商誉、较大的市场份额等相对优势，属于可以在某些直接投资中取得正的净现值。资本市场与商品市场不同，其竞争程度高、交易规模大、交易费用低、资产具有同质性，使得其有效性比商品市场要高得多。所有需要资本的公司都在寻找资本成本低的资金来源，大家都平起平坐。机会均等的竞争，使财务交易基本上是公平交易。在资本市场上，只获得与投资风险相称的报酬，也就是与资本成本相同的报酬，很难增加股东财富。

九、货币时间价值原则

货币时间价值原则是指在进行财务计量时要考虑货币时间价值因素，货币的时间价值是指货币在经过一定时间的投资和再投资所增加的价值。

货币时间价值原则的首要应用是现值概念。由于现在的1元货币比将来的1元货币经济价值大，不同时间的货币价值不能直接进行加减运算，需要进行折算。通常，要把不同时间的货币价值折算到"现在"时点，然后进行运算或比较。把不同时点的货币折算为"现在"时点的过程称为折现。折现使用的百分率称为折现率，折现后的价值称为现值。财务估价中，广泛使用现值计量资产的价值。

货币时间价值的另一个重要应用是"早收晚付"观念。对于不附带利息的货币收支，与其晚收不如早收，与其早付不如晚付。货币在自己手上，可以立即用于消费而不必等待将来消费，可以投资获利而无损于原来的价值，可以用于预料不到的支付，因此，早收、晚付在经济上是有利的。

第四节　财务管理的方法

　　财务管理方法是为了实现财务管理目标，完成财务管理任务，在进行财务活动时所采用的各种技术和手段。财务管理方法有很多，可按多种标准进行分类。

　　根据财务管理的具体内容，可以分为资金筹集方法、投资管理方法、营运资金管理方法、利润及其分配管理方法；根据财务管理方法的特点，可分为定性财务管理方法和定量财务管理方法；根据财务管理的环节，可分为财务预测方法、财务决策方法、财务计划方法、财务控制方法和财务分析方法。

　　下面就以财务管理环节为依据，阐述各种财务管理方法以及相互之间的关系。

一、财务预测

　　财务预测是财务人员根据历史资料，依据现实条件，运用特定的方法对企业未来的财务活动和财务成果所做出的科学预计和测算。

　　只有对企业未来的财务状况进行科学预测，在此基础上才能做出科学的财务决策，制订切实可行的财务计划。因此，财务预测是财务决策的基础，是制订财务计划的前提。

　　财务预测工作通常包括以下四个具体步骤：

　　第一，要明确预测目的，只有目的明确才能有针对性地搜集资料，采取相应的方法进行预测。

　　第二，要收集和整理相关资料，必须根据预测目的搜集相关资料，并进行归类、汇总、调整，以便利用这些资料进行科学预测。

　　第三，建立适当的预测模型，进行科学预测。

　　第四，利用预测模型，进行预测，提出预测值。

　　财务预测方法很多，具体可以分为两大类：一类是定性预测方法，即利用相关资料，依靠个人经验的主观判断和综合分析能力，对事物未来的状况和趋势做出预测的方法；另一类是定量预测方法，即根据变量之间存在的数量关系建立数学模型进行预测的方法，包括趋势预测法和因果预测法等。趋势预测法是按时间顺序排列历史资料，根据事物发展的连续性进行预测的一种方法，又称为时间序列预测法；因果预测法是根据历史资料，通过分析寻找出影响预测因素的其他相关因素，并确定二者的因果关系，建立数学模型进行预测的方法。

二、财务决策

财务决策是指财务人员按照财务目标的总体要求，利用专门的方法对各种备选方案进行比较分析，并从中选出最佳方案的过程。管理的核心是决策，财务决策是财务管理的核心。

财务决策通常包括三个具体步骤：一是确定决策目标；二是设计并提出备选方案；三是分析比较各种方案，选择最佳方案。

常见的财务决策方法包括以下五个方面的内容。

（一）优选对比法

优选对比法是把各种不同方案排列在一起，按其经济效益的好坏进行优选对比，进而做出决策的方法，优选对比法是财务决策的基本方法。优选对比法按其对比方式的不同，又可分为总量对比法、差量对比法、指标对比法等。

1. 总量对比法

总量对比法是将不同方案的总收入、总成本或总利润进行对比，以确定最佳方案的一种方法。

2. 差量对比法

差量对比法是将不同方案的预期收入之间的差额与预期成本之间的差额进行比较，求出差量利润，进而做出决策的方法。

3. 指标对比法

指标对比法是把反映不同方案经济效益的指标进行对比，以确定最优方案的方法。例如，在进行长期投资决策时，可把不同投资方案的净现值、内含报酬率、现值指数等指标进行对比，从而选择最优方案的方法。

（二）线性规划法

线性规划法是根据运筹学的原理，对具有线性联系的极值问题进行求解，进而确定最优方案的方法。

（三）微分法

微分法是根据边际分析原理，运用数学上的微分方法，对具有曲线联系的极值问题进行求解，进而确定最优方案的方法。在用数学微分法进行决策时，凡以成本为判别标准，一般是求极小值；凡以收入或利润为判别标准时，一般是求极大值。在财务决策中，最优资本结构决策、现金最佳余额决策、存货的经济批量决策都要用到数学微分法。

（四）决策树法

决策树法是风险决策的主要方法。决策面对的是未来，如果一个方案未来可能出现几种结果，并且各种结果及其概率都可以预知，这种决策便是风险决策。风险决策必须用概率计算各个方案的期望值和标准离差，并把各个概率分枝用树形图表示出来，因此，风险决策又称为决策树法。

（五）损益决策法

损益决策法包括最大最小收益值法和最小最大后悔值法，是不确定型决策的一种主要方法。如果一个方案未来可能出现几种结果，但各种结果发生的概率是不可预知的，这种决策便是不确定型决策。最大最小收益值法又称小中取大法，是把各个方案的最小收益值都计算出来，然后取其最大值。最小最大后悔值法又称大中取小法，是把各个方案的最大损失值都计算出来，然后取其最小值。

决策者作为理性的人或经济的人，选择方案的一般原则应当是选择"最优"方案，但由于决策者在认识能力和时间、成本、情报来源等方面的限制，有时不能坚持要求最理想的解答，常常只能满足于"令人满意"的决策。

三、财务计划

财务计划是指运用科学的技术手段和数量方法，对企业未来财务活动的内容及指标所进行的具体规划，如定额流动资金及其来源计划、成本费用计划、利润计划等。财务计划是以财务决策确定的方案和财务预测提供的信息为基础进行编制的，是财务预测和财务决策的具体化，是控制财务活动的依据。以货币表示的具体财务计划即为财务预算。

财务计划是财务管理的重要工具。它既是财务管理所希望达到的目标，同时也是财务控制的依据和作为财务分析考核的标准。

财务计划编制的一般程序包括：第一，根据财务决策的要求，分析主、客观条件，制订主要的计划指标。第二，对需要和可能进行协调，组织综合平衡；第三，运用各种财务计划的制订方法制订财务计划。

四、财务控制

企业制订的财务计划想要得以顺利执行，就要依靠财务控制。财务控制是财务管理基础性和经常性的工作，是实现财务计划、执行财务制度的基本手段。

（一）财务控制的概念

财务控制是根据企业财务预算目标、财务制度和国家有关法规，对实际（或预计）的财务活动进行对比、检查，发现偏差并及时纠正，使之符合财务目标与制度要求的管理过程。通过财务控制，能使财务计划与财务制度对财务活动发挥规范与组织作用，使资金占用与费用水平控制在预定目标的范围之内，保证企业经济效益的提高。财务控制要适应定量化的控制需要，其主要包括三个步骤：制定控制标准，分解落实责任；实施追踪控制，及时调整误差；分析执行差异，搞好考核奖惩。

（二）财务控制的方法

财务控制的方法有很多，以下是最常见的几种。

1. 防护性控制

防护性控制又称排除干扰控制，是指在财务活动发生前就制定一系列制度和规定，把可能产生的差异予以排除的一种控制方法。

2. 前馈性控制

前馈性控制又称补偿干扰控制，是指通过对实际财务系统运行的监视，运用科学方法预测可能出现的偏差，采取一定措施，使差异得以消除的一种控制方法。

3. 反馈控制

反馈控制又称平衡偏差控制，是在认真分析的基础上，发现实际与计划之间的差异，确定差异产生的原因，采取切实有效的措施，调整实际财务活动或调整财务计划，使差异得以消除或避免今后出现类似差异的一种控制方法。

五、财务分析

（一）财务分析的概念

财务分析是以财务的实际和计划资料为依据，结合业务经营活动情况，对造成财务偏差的主观和客观因素进行分析，并测定各影响因素对分析对象的影响程度，提出纠正偏差对策的过程。通过财务分析，可以深入了解和评价企业的财务状况、经营成果，掌握企业各项财务预算指标的完成情况，查找管理中存在的问题并提出解决问题的对策。财务分析主要包括四个步骤：占有资料，掌握信息；指标对比，揭示问题；分析原因，明确责任；提出措施，改进工作。

财务分析常用的方法主要有对比分析法、比率分析法和综合分析法等。对比分析法是通过对有关指标进行比较来分析财务状况的方法。比率分析法是将相互联系的财务指标进行对比，以形成财务比率，用来分析和评价企业财务状况和经营成果的方法。综合分析法是结合多种财务指标，综合考虑影响企业财务状况和经营成果的各种因素的分析方法。

（二）财务分析的方法

财务分析的方法有许多，现说明常用的分析方法。

1．对比分析法

对比分析法是通过把有关指标进行对比来分析企业财务情况的一种方法。

2．比率分析法

比率分析法是把有关指标进行对比，用比率来反映它们之间的财务关系，以揭示企业财务状况的一种分析方法。其中最主要的比率有相关指标比率、构成比率、动态比率。

比率分析是财务分析的一种重要方法。通过各种比率的计算和对比，基本上能反映出一个企业的偿债能力、盈利能力、资金周转状况和盈余分配情况。该方法具有简明扼要、通俗易懂的特点，很受各种分析人员的欢迎。

3．综合分析法

综合分析法是把有关财务指标和影响企业财务状况的各种因素都有序地排列在一起，综合地分析企业财务状况和经营成果的一种方法。在进行综合分析时，可采用财务比率综合分析法、因素综合分析法和杜邦体系分析法等。

综合分析法是一种重要的分析方法，它对全面、系统、综合地评价企业财务状况具有十分重要的意义。但综合分析法一般都比较复杂，所需资料很多，工作量比较大。

第二章

会计的基本理论

第一节　会计的概念

一、会计的基本概念

会计是人类社会发展到一定阶段的产物，它随着生产的发展、经济管理水平的提高和科技的进步，经历了一个从低级到高级、从简单到复杂、从不完善到逐步完善的演进过程。

会计产生于社会生产活动，生产活动是人类最基本的实践活动，是人类社会赖以生存和发展的基础。从事生产活动，一方面要创造物质财富，获取劳动成果；另一方面又要耗费人力和物力，发生劳动消耗。而任何社会的生产活动，人们总是力求以较少的劳动耗费，取得尽可能多的劳动成果。为了达到这一目的，除了采用先进技术外，还必须加强对生产活动的管理，对生产过程的劳动消耗和劳动成果进行记录和计算，并进行比较和分析，以求所得大于所耗，不断提高经济效益。

在人类社会处于生产力极其低下，劳动产品只能维持人类生存的情况下，会计只是作为生产职能的附带部分，完成简单的记录工作。只有当社会生产力发展到出现剩余产品以后，会计才逐渐从生产职能中分离出来，成为特殊的、专门委托当事人的独立职能。我国在伏羲时期，则有"结绳记事"的记载。不过，这种处于萌芽状态的会计，没有统一的计量尺度和记账方法，只是人类的原始计量和记录行为，通常称为"史前会计"。

我国西周朝时期设有官吏"司会",掌管财政,并下设"司书""职内""职岁""职币"等,分别掌管法规、簿籍、收入、支出及剩余资产,并对皇朝的财物赋税进行"月计岁会"。而我国古代文献中,最早把"会计"两字连缀使用,则见于《孟子·万章下》的记载:"孔子尝为委吏矣,曰'会计当而已矣'。"西汉时期采用的"计簿"和"簿书",一般认为是我国最早的会计账簿。唐朝随着工商业的繁荣和造纸业的发展,官厅会计已采用"入-出=余"的三柱结算法。宋朝总结并广泛采用的"四柱结算法"也是我国古代会计的一大杰出成就,使我国的收付记账法得到了进一步的完善。四柱是指"旧管""新收""开除""实在",分别相当于现代会计核算中的"期初结存""本期增加""本期减少""期末结存"。明朝山西商人傅山创建的"龙门账"及其设计的"该+进=存+缴"平衡公式,一般认为是我国最早的复式记账法。"该""进""存""缴"分别相当于我国今天会计核算中的"业主投资和债务""收入""财产物资和债权""支出"。我国从明朝开始采用了以货币作为统一量度,及至嘉靖年间已采用"盘点表",并规定了年终盘存制度,这是会计核算和管理上的一大进步。清朝民间采用的"三脚账"和"四脚账",反映了我国会计有从单式记账向复式记账发展的趋势。

随着商品经济的进一步发展,新技术的广泛运用,生产日益社会化和企业组织的不断发展,会计的内容、目标、方法和技术也随之发生了较大的变化,现代会计逐步形成了以企业会计为中心的营利组织会计。由于市场竞争的加剧,企业会计对内管理的职能有所扩大。加之数学、生产力经济学、计量经济学等科学成果的渗透和利用,事前核算的导入,致使会计从传统的事后记账、算账和报账扩大到事前预测、参与决策和加强事中控制。到20世纪40年代,形成了财务会计和管理会计两个相对独立的体系。会计技术也从手工操作、机械操作逐步向采用计算机处理数据的方向发展。一国乃至国际范围内的公认会计原则逐步形成体系,会计工作日益规范化,从而使会计的发展进程进入一个比较完善的现代会计阶段。

从会计发展的历史看，经济越发展，会计越重要。生产的发展不仅要求会计进行数量的核算，还要求会计根据数量的变化，加强对生产过程的管理。管理的内容和形式则由简单的计量、记录、计算发展为主，通过货币形式进行确认、计量、记录、计算和报告，据以对生产过程进行指挥和调节，进而又发展为对生产过程的监督和控制。从会计工作的实践可以说明，会计核算与管理是密切联系的，管理需要核算，核算是为了管理，在核算的基础上进行管理，在核算的过程中加强管理。

综上所述，会计是对核算单位发生的可以用货币计量的经济活动进行核算和监督的一种价值管理活动，是经营管理工作的重要组成部分。

二、会计的作用

（一）核算经济业务，提供财务信息

企业单位发生的能够以价值形式表现的一切经济活动都要办理会计手续，通过会计核算，连续、系统、全面地确认、计量、记录、计算和报告，向有关各方及时提供真实可靠的财务信息。

（二）实行会计监督，维护财经法纪

企业单位的经济活动必须在国家法律和有关财经纪律允许的范围内进行。通过会计工作，可以随时查明各项财产的结存情况；了解财产的保管和使用情况，以加强财产管理的责任制；对于不真实、不合法的收支，财会人员可以拒绝办理或向单位行政领导报告，从而有效地保护企业财产的安全，维护财经纪律。

（三）分析财务状况，考核经济效益

通过会计工作提供的会计信息，可以分析企业单位的财产构成、变现能力、偿债能力；可以考核企业资金、成本、利润等财务指标的升降原因；可以评价企业经济效益和社会效益的高低，并总结经营管理工作中的经验教训，提出改善企业经营管理的意见和措施，以不断提高经济

效益。

（四）预测经济前景，参与经营决策

会计信息是企业单位进行经营决策的重要依据。会计机构和会计人员应根据会计提供的信息及其他有关资料，对经济前景进行分析，结合发展规划做出预测，提出方案，并参与企业单位的经营决策，以发挥会计工作在指导未来经济活动中的积极作用。

第二节　会计的目标和对象

一、会计的目标

会计的目标是指通过会计工作应达到的目的和要求。随着我国经济体制改革的深化，企业所有权和经营权的分离，企业资金来源渠道多样化，投资主体多元化，对会计工作提出了新的要求。企业作为独立的商品生产经营者，要在市场经济的激烈竞争中求生存、谋发展，同时又要维护债权人和投资者的合法利益。因此，通过会计工作进行加工、处理并提供的信息，既要满足企业不断改善经营管理的需要，又要满足债权人和投资者进行决策的需要。

对企业内部来说，会计的目标是通过参与经营决策，协助企业管理层制订长期计划，指导和控制当期的经营活动。其重点是管好、用好各项资金，确保资本保值增值，并不断提高获利能力和偿债能力。

对债权人和投资者来说，会计的目标是正确反映权益关系，及时为债权人和投资者提供企业财务状况、收益及其分配情况的信息，以保证债权人和投资者能够全面分析、评价和预测企业的资产、权益结构、获利能力、偿债能力，并据此做出信贷和投资决策。

可以看出，通过会计工作为有关各方面提供的符合质量要求的会计信息主要服务于经营决策。决策本身不是目的，正确的决策是为了提高经济效益。

二、会计的对象

会计的对象是指会计核算和监督的具体内容。正确掌握会计的对象，才能进一步理解会计的作用和所要达到的目标，才能正确理解和运用会计采用的专门方法。

概括地说，会计的对象是企业单位在生产经营过程中发生的能够以货币计量的经济活动。

企业要进行正常的生产经营活动，必须拥有或控制一定数量的财产物资。作为物质基础，这些财产物资都是通过一定的来源和渠道取得的，包括投资者投入和向外单位或个人借入。企业的财产物资投入生产经营过程中会发生耗费，表现为企业的生产费用、销售费用、管理费用和财务费用等费用支出。企业采购材料、生产产品并通过产品的销售获得收入，将收入同相应的销售成本、销售费用、税金及附加进行比较，从而确定企业的利润或亏损，并将实现的利润按有关政策和规定进行分配。可以看出，企业的生产经营过程一方面表现为实物形态的运动过程，另一方面表现为货币形态的价值运动过程。由于以货币作为统一的计量尺度是会计的基本特征，这就决定了会计的对象不是企业单位生产经营过程中的实物形态的运动，而是以货币形式表现的价值运动。其具体内容的组成项目称为会计要素。

从企业生产经营过程来看，以货币形式表现的价值运动首先是生产经营资金的筹集。企业通过不同渠道，以不同方式筹集的资金称为资金来源。资金来源按承担企业经营风险责任和享有企业经营收益的权利不同，分为负债和所有者权益。负债是借入资金来源，企业必须按时还本付息。所有者权益是企业投资者投入的供企业长期使用的资金，属于自有资金来源，投资者享有参与企业利润分配的权利，但当企业资不抵债或发生亏损时，投资者应承担风险。

企业筹集的资金总是以一定的形态存在，如货币形态的现金、银行存款等；实物形态的原材料、低值易耗品、固定资产等，会计上称为资产。随着生产经营过程的进行，企业拥有的各项资产不仅会发生数量上的增减变化，而且会发生形态上的变化。如以存款采购材料、购置设备是从货币形态的资产转化为实物形态的资产，销售产品获得现金、银行存款则是从实物形态的资产转化为货币形态的资产。

企业生产经营过程中以货币表现的经济活动，除了表现为一定数量的资产、负债、所有者权益的形成及其增减变化以外，还表现为费用、收入和利润的形成及其分配过程。费用是一种投入，是资产消耗的货币反映，费用的发生是为了获得收入。以产品销售收入补偿为取得收入而发生的各项成本费用后的差额就是企业在一定时期内获得的利润。

可以看出，企业会计对象的具体内容就是企业的资产、负债、所有者权益、费用、收入和利润等基本会计要素及其增减变化的结果。其中，资产、负债和所有者权益是企业财务状况的静态表现，也是"资产负债表"的基本要素；费用、收入和利润是企业生产经营过程的动态表现，也是"利润表"的基本要素。

第三节　会计的基本前提和会计信息质量要求

一、会计的基本前提

会计的基本前提是为了实现会计目标而假定的，所以又称为会计假设，它是对决定会计存在与发展的各种前提条件所做的暂且认定。由于在市场经济环境条件下，存在着诸多不确定的因素，如市场物价的波动、企业的倒闭等都有可能影响会计工作的正常进行。因此，为向内部管理层和外部有关各方提供对决策有用的会计信息，发挥会计的作用，有必要对某些不确定因素进行合乎逻辑和事物发展规律的判断，提出假设，从而为会计工作顺利开展提供必要的前提条件，否则会计工作将无所适从，难以进行。

按照国际会计准则和惯例，公认的会计前提条件主要有会计主体、持续经营、会计期间和货币计量等。

（一）会计主体

会计主体亦称会计实体，是指独立于财产所有者之外的会计核算单位。明确了会计主体，就能解决为谁核算，核算什么会计事项等问题。因为会计主体假设为会计工作规定了活动的空间范围，即会计事项的处理和会计信息的提供只限定在一个独立核算的经济实体之内。我国《企业会计准则》指出："会计核算应当以企业发生的各项经济业务为对象，记录和反映企业本身的各项生产经营活动。"按照这一基本前提，会计核算只反映一个特定企业的生产经营活动，而不包括企业所有者本人或其他企业的经营活动。企业在主体范围内组织会计工作，可以正确计算企业所拥有的资产和承担的债务，正确计算和反映企业的经营成果和财务状况。

会计主体与法律主体（法人）有所不同，所有的企业法人都是会计主体，但会计主体不一定是企业法人。

（二）持续经营

持续经营是指会计主体的生产经营活动会无限期地持续正常进行下去，即在可以预见的未来不会面临破产清算。持续经营假设是在会计主体假设的基础上，对会计工作时间范围所作的限定。

企业将持续经营作为前提，才能对资产、负债按流动性进行分类，并为历史成本计价提供可能；才能按权责发生制原则对费用进行分配和对收益进行确认，对所承担的债务才能在正常生产经营中清偿。

（三）会计期间

会计期间也称会计分期，是指将会计主体持续不断的生产经营活动在时间上人为地划分为首尾衔接、等间距的期间。企业只有将会计期间作为前提，才能据以按期结账和编制会计报表，才能及时向企业内部和外部提供会计信息。在我国，会计期间按公历日期从每年的1月1日至12月31日作为一个会计年度，并在此基础上进一步分为季度和月份。

企业将会计期间作为前提，就要求企业对各项费用在各会计期间进行合理分配，对营业收入按期进行合理确认，同时要求各会计期间采用的会计处理方法保持一致，以便进行比较分析。

（四）货币计量

货币计量是对生产经营过程和结果的计量尺度所作的假设，是指会计信息主要以货币作为统一的计量尺度，并假设币值稳定。企业将货币计量作为前提，才能对会计主体发生的经济活动按历史成本进行连续、系统的记录、计算和综合汇总，才能对不同会计期间的会计信息进行比较、分析和评价。在会计核算中也会涉及实物量度和劳动量度，但只是作为辅助量度使用。

在存在多种货币的情况下，会计主体应确定某一种货币作为记账本位币。我国一般以人民币作为记账本位币。业务收支以外币为主的企业也可以选择某种外币作为记账本位币，但编制会计报表时外币应折算为人民币。

二、会计信息质量要求

会计信息质量要求是在会计基本前提确定的基础上，对会计核算工作所提出的一般要求，是会计核算工作的规范，是进行会计处理和编制会计报表的基础。

（一）可靠性

可靠性要求企业应当以实际发生的交易或者事项为依据进行确认、计量和报告，如实反映符合确认和计量要求的各项会计要素及其他相关信息，保证会计信息真实可靠、内容完整。

会计信息要有用，必须以可靠为基础。如果财务报告所提供的会计信息是不可靠的，就会给投资者等使用者的决策产生误导甚至损失。为了贯彻可靠性要求，企业应当做到三点。

第一，以实际发生的交易或者事项为依据进行确认、计量，将符合会计要素定义及其确认条件的资产、负债、所有者权益、收入、费用和利润等如实反映在财务报表中，不得根据虚构的、没有发生的或者尚未发生的交易或者事项进行确认、计量和报告。

第二，在符合重要性和成本效益原则的前提下，保证会计信息的完整性，其中包括应当编报的报表及其附注内容等应当保持完整，不能随意遗漏或者减少应予披露的信息，与使用者决策相关的有用信息都应当充分披露。

第三，包括在财务报告中的会计信息应当是中立的、无偏的。如果企业在财务报告中为了达到事先设定的结果或效果，通过选择或列示有关会计信息以影响决策和判断的，这样的财务报告信息就不是中立的。

（二）相关性

相关性要求企业提供的会计信息应当与财务报告使用者的经济决策需要相关，有助于财务报告使用者对企业过去、现在或者未来的情况做出评价或者预测。

会计信息是否有用，是否具有价值，关键是看其与使用者的决策需要是否相关，是否有助于决策或者提高决策水平。相关的会计信息应当能够有助于使用者评价企业过去的决策，证实或者修正过去的有关预测，因而具有反馈价值。相关的会计信息还应当具有预测价值，有助于使用者根据财务报告所提供的会计信息预测企业未来的财务状况、经营成果和现金流量。例如，区分收入和利得、费用和损失，区分流动资产和非流动资产、流动负债和非流动负债以及适度引入公允价值等，都可以提高会计信息的预测价值，进而提升会计信息的相关性。

会计信息质量的相关性要求需要企业在确认、计量和报告会计信息的过程中，充分考虑使用者的决策模式和信息需要。但是，相关性是以可靠性为基础的，二者之间并不矛盾，不应将二者对立起来。也就是说，会计信息在可靠性前提下，尽可能做到相关性，以满足投资者等财务报告使用者的决策需要。

（三）可理解性

可理解性要求企业提供的会计信息应当清晰明了，便于财务报告使用者理解和使用。

企业编制财务报告、提供会计信息的目的在于使用，而要让使用者有效使用会计信息，应当能让其了解会计信息的内涵，弄懂会计信息的内容，这就要求财务报告所提供的会计信息应当清晰明了，易于理解。只有这样，才能提高会计信息的有用性，实现财务报告的目标，满足向投资者等财务报告使用者提供决策有用信息的要求。

会计信息毕竟是一种专业性较强的信息产品，在强调会计信息的可理解性要求的同时，还应假定使用者具有一定的有关企业经营活动和会计方面的知识，并且愿意付出努力去研究这些信息。对于某些复杂的信息，如交易本身较为复杂或者会计处理较为复杂，但其对使用者的经济决策相关的信息，企业就应当在财务报告中予以充分披露。

（四）可比性

可比性要求企业提供的会计信息应当具有可比性。具体包括下列要求。

（1）同一企业对于不同时期发生的相同或者相似的交易或者事项，应当采用一致的会计政策，不得随意变更。

为了便于投资者等财务报告使用者了解企业财务状况、经营成果和现金流量的变化趋势，比较企业在不同时期的财务报告信息，全面、客观地评价过去，预测未来，从而做出决策。但是，满足会计信息可比性要求，并非表明企业不能变更会计政策，如果按照规定或者在会计政策变更后可以提供更可靠、更相关的会计信息，可以变更会计政策。有关会计政策变更的情况，应当在附注中予以说明。

（2）不同企业发生的相同或者相似的交易或者事项，应当采用规定的会计政策，确保会计信息口径一致、相互可比，即对于相同或者相似的交易或者事项，不同企业应当采用一致的会计政策，以使不同企业按照一致的确认、计量和报告基础提供有关会计信息，便于投资者等财务报告使用者评价不同企业的财务状况、经营成果和现金流量及其变动情况。

（五）实质重于形式

实质重于形式要求企业应当按照交易或者事项的经济实质进行会计确认、计量和报告，不应仅以交易或者事项的法律形式为依据。如果企业仅仅以交易或者事项的法律形式为依据进行会计确认、计量和报告，那么就容易导致会计信息失真，无法如实反映经济现实和实际情况。

企业发生的交易或事项在多数情况下，其经济实质和法律形式是一致的，但在有些情况下，会出现不一致。例如，以融资租赁方式租入的资产虽然从法律形式来讲企业并不拥有其所有权，但是由于租赁合同中规定的租赁期相当长，接近于该资产的使用寿命；在租赁期结束时，承租企业有优先购买该资产的选择权；在租赁期内，承租企业有权支配资产并从中受益等。因此，从其经济实质来看，企业能够控制融资租赁资产所创造的未来经济利益，在会计确认、计量和报告上就应当将以融资租赁方式租入的资产视为企业的资产，列入企业的资产负债表。

企业按照销售合同销售商品但又签订了售后回购协议，虽然从法律形式上实现了收入，但如果企业没有将商品所有权上的主要风险和报酬转移给购货方，没有满足收入确认的各项条件，即使签订了商品销售合同或者已将商品交付给购货方，也不应当确认销售收入。

（六）重要性

重要性要求企业提供的会计信息应当反映与企业财务状况、经营成果和现金流量有关的所有重要交易或者事项。

在实务中，如果会计信息的省略或者错报会影响投资者等财务报告使用者据此做出决策的，该信息就具有重要性。重要性的应用需要依赖职业判断，企业应当根据其所处环境和实际情况，从项目的性质和金额大小两方面加以判断。

（七）谨慎性

谨慎性要求企业对交易或者事项进行会计确认、计量和报告时应当保持应有的谨慎，不应高估资产或者收益、低估负债或者费用。

在市场经济环境下，企业的生产经营活动面临着许多风险和不确定性，如应收款项的可收回性、固定资产的使用寿命、无形资产的使用寿命、售出存货可能发生的退货或者返修等。会计信息质量的谨慎性要求需要企业在面临不确定性因素的情况下做出职业判断时，应当保持应有的谨慎，充分估计到各种风险和损失，既不高估资产或者收益，也不低估负债或者费用。例如，要求企业对可能发生的资产减值损失计提资产减值准备、对售出商品可能发生的保修义务等确认预计负债等，这些就体现了会计信息质量的谨慎性要求。

（八）及时性

及时性要求企业对于已经发生的交易或者事项，应当及时进行确认、计量和报告，不得提前或者延后。

会计信息的价值在于帮助所有者或者其他方面做出经济决策，具有时效性。即使是可靠、相关的会计信息，如果不及时提供，就失去了时效性，对于使用者的效用就大大降低甚至不再具有实际意义。在会计确认、计量和报告过程中贯彻及时性，一是要求及时收集会计信息，即在经济交易或者事项发生后，及时收集整理各种原始单据或者凭证；二是要求及时处理会计信息，即按照会计准则的规定，及时对经济交易或者事项进行确认或者计量，并编制出财务报告；三是要求及时传递会计信息，即按照国家规定的有关时限，及时地将编制的财务报告传递给财务报告使用者，便于其及时使用和决策。

在实务中，为了及时提供会计信息，可能需要在有关交易或者事项的信息全部获得之前即进行会计处理，这样就满足了会计信息的及时性要求，但可能会影响会计信息的可靠性；反之，如果企业等到与交易或者事项有关的全部信息获得之后再进行会计处理，这样的信息披露可能会由于时效性问题，对投资者等财务报告使用者决策的有用性将大大降低。这就需要在及时性和可靠性之间做相应的权衡，以最好地满足投资者等财务报告使用者的经济决策需要为判断标准。

三、会计核算基础

会计核算基础是指会计主体在进行会计业务处理时对会计要素的确认所采用的原则。会计核算基础可分为两种：一个是权责发生制；另一个是现金制。我国《企业会计准则——基本准则》规定，企业会计的确认、计量和报告应当以权责发生制为基础。

（一）权责发生制

权责发生制原则亦称应计基础，应计制原则是指以实质取得收到现金的权利或支付现金的责任权责的发生为标志来确认本期收入和费用及债权和债务。即收入按现金收入及未来现金收入——债权的发生来确认；费用按现金支出及未来现金支出——债务的发生进行确认，而不是以现金的收入与支付来确认收入和费用。

权责发生制是依据持续经营和会计分期两个基本前提来正确划分不同会计期间资产、负债、收入、费用等会计要素的归属，并运用一些诸如应收、应付、预提、待摊等项目来记录由此形成的资产和负债等会计要素。企业经营不是一次而是多次，而其损益的记录又要分期进行，每期的损益计算理应反映所有属于本期的真实经营业绩，收付实现制显然不能完全做到这一点。因此，权责发生制能更加准确地反映特定会计期间实际的财务状况和经营业绩。

（二）现金制

现金制又称收付实现制或实收实付制，是以现金收到或付出为标准来记录收入的实现和费用的发生。按照收付实现制，收入和费用的归属期间将与现金收支行为的发生与否紧密地联系在一起。换言之，现金收支行为在其发生的期间全部记作收入和费用，而不考虑与现金收支行为相连的经济业务实质上发生与否。

现金制是以款项的实际收付为标准来处理经济业务，确定本期收入和费用，计算本期盈亏的会计处理基础。在现金收付的基础上，凡在本期实际以现款付出的费用，不论其是否在本期收入中获得补偿均应作为本期应计费用处理；凡在本期实际收到的现款收入，不论其是否属于本期均应作为本期应计的收入处理；反之，凡本期还没有以现款收到的收入和没有用现款支付的费用，即使它归属于本期，也不作为本期的收入和费用处理。这种处理方法的好处在于计算方法比较简单，也符合人们的生活习惯，但按照这种方法计算的盈亏不合理、不准确，所以《企业会计准则》规定企业不予采用，它主要应用于行政事业单位和个体户等。

（三）两种会计核算基础的比较

权责发生制和现金制在处理收入和费用时的原则是不同的，所以同一会计事项按不同的会计处理基础进行处理，其结果可能是相同的，也可能是不同的。例如，本期销售一批价值 5000 元的产品，货款已收存银行，这项经济业务不管采用应计基础或现金收付基础，5000元货款均应作为本期收入。因为一方面它是本期获得的收入，应当作为本期收入；另一方面现款也已收到，亦应当列作本期收入，这时就表现为二者的一致性。但是，在另外的情况下二者则是不一致的。例如，本期收到上月销售产品的货款存入银行，在这种情况下，如果采用现金收付基础，这笔货款应当作为本期的收入。因为现款是本期收到的，如果采用应计基础，则此项收入不能作为本期收入，因为它不是本期获得的。

综上所述，采用应计基础和现金收付基础有以下不同。

第一，因为在应计基础上存在费用的待摊和预提问题等，而在现金收付基础上不存在这些问题，所以，在进行核算时它们所设置的会计科目不完全相同。

第二，因为应计基础和现金收付基础确定收入和费用的原则不同，因此，它们即使是在同一时期对同一业务计算的收入和费用总额也可能相同。

第三，由于在应计基础上是以应收应付为标准来作收入和费用的归属、配比，因此计算出来的盈亏较为准确，而在现金收付基础下是以款项的实际收付为标准来作收入和费用的归属、配比，因此计算出来的盈亏不够准确。

第四，应计基础上，期末对账簿记录进行调整之后才能计算盈亏，所以手续比较麻烦；而在现金收付基础上，期末不要对账簿记录进行调整即可计算盈亏，所以手续比较简单。

第四节　会计的职能和方法

一、会计的基本职能

会计的职能是指会计在经济管理活动中所具有的功能。会计的职能是随着社会生产力的发展和管理水平的提高而发展变化的，会计的基本职能是会计核算和会计监督。

（一）会计核算

会计核算是指以货币作为统一的计量尺度，对会计主体的经济活动进行确认、计量、记录、计算和报告。其基本程序是经济业务发生后，取得或填制会计凭证，按审核无误的会计凭证登记账簿，根据账簿资料编制会计报表。通过会计核算，可以正确计算和及时提供资金、成本、利润等经济指标，从而为分析、研究和掌握生产经营过程及其资金运动过程的规律提供依据。长期以来，人们把会计核算只理解为对经济活动的事后核算。事实上，从核算的时间看，它既包括事后核算，又包括事前和事中核算；从核算的内容看，它既包括记账、算账和报账，又包括预测、控制、分析和考核。

（二）会计监督

会计监督是指对企业资金的组织、分配和使用的合法性、合理性和有效性所进行的指导、督促和检查。其基本程序是：确定和掌握标准、检查分析、结果处理。通过监督，可以促使企业自觉地按自然规律、经济规律和法规要求来组织和安排经济活动。

会计核算和会计监督是两个相互联系又相互独立的职能。会计核算职能是基础职能，离开了核算，监督就失去了对象；离开了监督，会计核算工作就会失去方向。只有通过监督，核算才能发挥应有的作用。在实际工作中，核算和监督又是交叉的，不可分割的。监督职能又寓于核算职能之中，贯穿于核算的全过程。充分发挥会计核算和监督的职能作用，是实现会计目标的保证。

二、会计的专门方法

会计的方法是指用以核算和监督会计的对象，实现会计目标的手段。会计的方法也是随着经济的发展、管理要求的提高以及科技的进步而不断改进和发展的。

会计是由会计核算、会计分析和会计检查三部分组成的。会计核算就是记账、算账和报账，是会计工作的基本环节，是会计分析和会计检查的基础；会计分析就是用账，是会计核算的继续和深化，是会计核算资料的具体运用；会计检查就是查账，是会计核算和会计分析的必要补充，是保证会计核算资料和会计分析客观、正确必不可少的步骤。因此，会计的方法应包括会计核算的方法、会计分析的方法和会计检查的方法。

会计核算的专门方法是对已发生的经济活动连续、系统、全面、综合地进行核算和监督所运用的一系列确认、计量、记录、计算和报告的方法。对企业来说，主要包括设置会计科目和账户、填制和审核会计凭证、复式记账、登记账簿、成本计算、财产清查和编制会计报表等专门方法。

（一）设置会计科目和账户

设置会计科目和账户是对会计核算的具体内容进行分类核算和监督的一种专门方法。由于会计对象的具体内容是复杂多样的，要对其进行系统的核算和经常性的监督，就必须对经济业务进行科学的分类，以便分门别类、连续地记录，取得多种不同性质、符合经营管理所需要的信息和指标。

（二）填制和审核会计凭证

会计凭证是记录经济业务，明确经济责任，作为记账依据的书面证明。正确填制和审核会计凭证是核算和监督经济活动财务收支的基础，是做好会计工作的前提。

（三）复式记账

复式记账是指对所发生的每项经济业务，以相等的金额，同时在两个或两个以上相互联系的账户中进行登记的一种记账方法。采用复式记账方法，不仅可以全面反映每一笔经济业务的来龙去脉，而且可以防止差错和便于检查账簿记录的正确性和完整性，是一种比较科学的记账方法。

（四）登记账簿

登记会计账簿简称记账，是以审核无误的会计凭证为依据在账簿中分类、连续地、完整地记录各项经济业务，以便为经济管理提供完整、系统的各项经济业务记录，从而为经济管理提供完整、系统的会计核算资料。账簿记录是重要的会计资料，是进行会计分析、会计检查的重要依据。

（五）成本计算

成本计算是按照一定对象归集和分配生产经营过程中发生的各种费用，以便确定该对象的总成本和单位成本的一种专门方法。产品成本是综合反映企业生产经营活动的一项重要指标。正确地进行成本计算，可以考核生产经营过程的费用支出水平，同时又是确定企业盈亏和制定产品价格的基础，并为企业进行经营决策提供重要数据。

（六）财产清查

财产清查是指通过盘点实物，核对账目，以查明各项财产物资实有数额的一种专门方法。通过财产清查，可以提高会计记录的正确性，保证账实相符。同时，还可以查明各项财产物资的保管和使用情况以及各种结算款项的执行情况，以便对积压或损毁的物资和逾期未收到的款项，及时采取措施，并进行清理和加强对财产物资的管理。

（七）编制会计报表

编制会计报表是以特定表格的形式，定期并总括地反映企业、行政事业单位的经济活动情况和结果的一种专门方法。会计报表主要以账簿中的记录为依据，经过一定形式的加工整理而产生一套完整的核算指标，是用来考核、分析财务计划和预算执行情况以及编制下期财务报表和分析预算的重要依据。

联系实际工作可以知道，会计机构和会计人员应根据企业的具体情况，按照统一规定的会计科目开设账户；对日常发生的经济业务，要取得或填制会计凭证，并经审核无误后运用复式记账法在账簿的有关账户中登记；对生产经营过程中发生的各项费用分别进行成本计算；期末在财产清查和账目核对相符的基础上，根据账簿记录编制会计报表。可以看出，会计核算的专门方法是相互联系、密切配合的，构成了一个完整的会计核算方法体系。

第三章

现金管理

第一节　现金管理概述

现金是一种不能产生盈余的资产，但企业必须随时都要持有适量的现金，以满足企业自身生产经营的需要。除此之外，企业还需要持有一定比例的现金，以备不时之需，这样可以更好地把握商机，或者偿还贷款或借款。这就需要企业具备相应的管理现金的方法，以掌握固定时期内企业可持有现金的金额，如此可以更准确地衡量企业在一段时间内的现金流出量和流入量。以下将从现金的特点、持有现金的动机和持有现金的成本三个方面来详细阐述现金管理。

一、现金的特点

现金具有使用方便、流动性强、易消耗等特点，人们对于现金普遍接受度较高，其可以立即用来购买生产资料、货物、劳务以及偿还企业债务。它是一家企业中流动性最大的资产。

现金是国内企业会计中的一个总账账户，它在资产负债表中并入货币资金，归入流动资产一类中；但与此同时，具有专门用途的现金只能作为基金或投资项目，被列为非流动资产。

现金的特点是分析持有现金的动机和持有现金的成本的基础。由于现金使用方便和流动性强的特点，其可与有价证券进行相互转换；同时由于现金流动性强和易消耗的特点，因而会产生现金管理的成本。

二、持有现金的动机

企业的现金管理与其持有现金动机有着密切的联系，企业持有现金的动机可以分为以下三种。

（一）交易性动机

企业持有现金的目的是满足日常生产经营活动的需要。企业在生产经营活动过程中，需要购买生产资料和生产设备，支付其他经营所需的成本费用。为了满足这种需求，企业需要持有一定数量的现金作为储备。企业的生存之道就是要不断地进行物品或服务的交换，通过低买高卖来实现自身的盈利。

（二）预防性动机

预防性动机是指企业在进行现金管理时，要时刻考虑可能发生的意外情况，而为了有效地应对发生意外的不确定性，企业需要提前准备一定数量预防性的现金。未来总是充满着不确定性，任何不可预知的事件都有可能发生，企业应该提前有所准备，应当储备一些现金，以备不时之需。

（三）投机性动机

企业用多余的资金购买有价证券，其资金与有价证券可以随时进行互换。当企业资金紧张时，可以出售有价证券，将其转换为现金；当企业资金充裕时，可以再用多余的资金购买有价证券，让闲置资金持续产生价值。利率在很大程度上影响着有价证券的价格。一般来说，利率的波动与有价证券价格的波动成反比：当利率上调时，有价证券的价格随之下降；当利率下行时，有价证券的价格就会上升。当企业有充裕的资金想进行一些投资时，可能会因为利率将要上调而停止有价证券的购买。这样一来，企业就会留存闲置的资金，这就是投机性现金需求。

当然，企业也会选择其他的投资方式。总之，在现金管理过程中，企业应该有效控制现金的数量，既不宜过多，也不宜过少。如果企业留有的现金过多，就会影响现金的流动性，影响现金的再收益；而如果企业留有现金过少的话，那么企业抵御风险和不确定性事件的能力就会减弱。

三、持有现金的成本

企业手中持有现金都有其成本，通常来说，可以分为管理成本、机会成本、转换成本以及短缺成本。

（一）管理成本

管理成本是指企业因持有一定数量的现金，而必须对这部分现金进行有效的管理而产生的费用，如相关管理人员的工资和现金安全管理费。这部分费用在一定范围内与现金持有的数量关系很小，属于固定成本。

（二）机会成本

机会成本是指企业因持有一定数量的现金而失去投资其他领域获得更多的收益[1]。因现金属于非营利性资产，企业持有现金就会失去再投资的机会以及其可投资的相应收益，从而形成持有现金的机会成本，这种成本在数额上与资金成本接近。例如，企业准备持有 50 万元的现金，假设企业年平均收益率为 10%，则企业就会失去 5 万元的投资收益，失去的这 5 万元的投资收益就是企业的机会成本。由此可以看出，企业放弃的再投资的收益属于变动成本，其与企业持有的现金量的多少密切相关。换句话说，企业持有的现金量越大，相应的机会成本就越高；企业持有的现金量越小，则相应的机会成本就越低。

（三）转换成本

转换成本是指企业在进行有价证券的交易时，需要支付一定比例的交易费用，如证券过户费等。证券转换成本与持有现金量有直接关系，

---

① 罗洪儿，吕欣. 管理通识教程［M］. 上海：上海交通大学出版社，2020：26.

在现金需求量一定的情况下，持有的现金量与证券折现操作次数以及转换成本呈负相关关系。

（四）短缺成本

短缺成本是指企业因资金缺少而影响企业正常生产经营，同时使企业收益减少。收益损失中既包括直接带来的损失，也包括间接造成的损失。企业资金的短缺成本与现金持有量之间呈负相关关系。因此，企业会计应当合理管理企业的短缺成本，并将其控制在合理的范围内，既不能因持有现金过多而影响企业投资的收益，也不能因持有现金过少而让企业产生短缺成本。

第二节　现金管理的内容

现金管理的内容包括编制现金收支计划、日常现金控制、确定最佳现金持有量、将预计现金收支数量及余额与最佳现金持有量进行对比，采取短期措施。

企业现金管理的核心工作内容是确定最佳现金持有量，而后比较分析预计现金量和最佳现金量，以找到其差额，并采取相应的短期措施，以减少存在的差额。

一、编制现金收支计划

现金收支计划包含四个部分：现金收入、现金支出、净现金流量以及现金余缺。

现金收支计划所列四项内容相互之间存在着密切的关联，其中，净现金流量是现金收入与现金支出之间的差额，因此，现金余缺额是期末现金余额与最佳现金余额之间的差额，现金收支计划的数据主要以现金收入和现金支出为依据。

（一）现金收入

企业的现金收入包括营业现金收入和其他现金收入两个部分。

1. 营业现金收入

营业现金收入的主体部分是产品或服务的销售收入，而销售收入数据可以从销售计划中获得。财务人员在根据销售计划的内容制订现金计划时应当注意两个方面的问题：一是必须把现销数据与赊销数据区分开，并单独分析赊销款项的收款时间和收款金额；二是必须考虑企业在收款过程中可能出现的相关因素，如销货退回、现金折扣以及坏账损失等。企业会计在对企业营业现金收入进行计量时，应当将不同类别的收入区分开，分门别类，并做详细的记录，不可将各种数据混合起来统一进行计量。

2. 其他现金收入

其他现金收入一般包括股利收入、证券投资的利息收入以及设备租赁收入等。其中，前两项为企业对外投资的收入，最后一项为企业自有生产资料产生的收入。

（二）现金支出

企业的现金支出包括营业现金支出和其他现金支出。

1. 营业现金支出

营业现金支出主要有原材料采购支出、工资支出和其他支出。

在确定原材料采购支出时，应当注意以下四点。

（1）要确定原材料采购付款的时间和总金额与销售收入之间的关系。原材料采购的现金支出与销售量之间存在着紧密的关系，但在不同的企业、不同的情况下，二者之间的关系也会有所不同，因此，财务人员必须认真分析这二者之间关系的规律性，以便更明确原材料采购支出资金的时间和数量。

（2）要清楚地区分现购和赊购，并单独分析赊购的付款金额和时间，以便企业会计账目更加清晰和细化。这也为日后制定会计决策或公司发展战略提供了详细可靠的数据支撑。

（3）尽可能地预测外界因素的影响，如原材料市场的波动情况、价格的变动、国家政策的调整等。

（4）尽可能准确地估计商品或服务进入市场后可能发生的退货，以及可能享受到的折扣等，以便准确合理地确定现金支出的金额和时间。

企业员工的工资可能会随着企业的发展而逐步增长，也可能会随着企业经营不善而逐渐下调。通常情况下，工资的变动相对稳定。具体来说，当企业产品的生产量增长幅度不太明显或是服务水平提升的幅度不明显时，企业员工的工资不会马上提升；而只有当产品生产量或服务的质量与水平得到明显提升时，企业员工的工资才会有较大幅度的提升。若企业实行计件工资制度，则员工工资数量会随产品生产量或服务质量与水平同比例地变化。

2. 其他现金支出

其他现金支出主要包括企业股利支出或上缴利润支出、所得税支出、偿还债务的本金及利息支出、固定资产投资支出等。企业股利支出或上缴利润支出的数额可以根据企业自身利润分配的政策进行计算，或是根据企业长期或短期发展战略来确定；所得税支出的数额应当以当年度预计的企业利润为基础进行计算；偿还债务的本金及利息支出可以从相关的筹资计划或筹资合同中获取；固定资产投资支出通常需要进行提前规划，其涉及企业未来的发展战略、发展方向以及发展速率。

（三）净现金流量

净现金流量是指现金收入与现金支出之间的差额。具体计算公式为：

$$净现金流量＝现金收入－现金支出$$
$$＝（营业现金收入＋其他现金收入）－$$
$$（营业现金支出＋其他现金支出）$$

净现金流量可以反映出企业一个会计周期内净增加或净减少的现金及与现金等价的数额，它是现金流量表中的一个重要指标。

（四）现金余缺

现金余缺是指计划期现金期末余额与最佳现金余额之间的差值。其中，最佳现金余额又称理想现金余额。现金余缺额的计算公式为：

现金余缺额＝期末现金余额－最佳现金余额

　　　　　　＝（期初现金余额＋现金收入－现金支出）－

　　　　　　最佳现金余额

　　　　　　＝期初现金余额＋净现金流量－最佳现金余额

　　企业调整现金余缺的方法有两种：一是利用有价证券来调整现金余缺；二是利用借款或借贷来补充现金余缺。如果期末现金余额小于最佳现金余额，就说明企业现金出现短缺，应当及时通过各种筹资方式进行补充调整；如果期末现金余额大于最佳现金余额，就说明企业现金存在剩余，应当及时进行投资，赚取更多收益或进行债务的归还，以减少更多利息的支出。

二、日常现金控制

　　企业日常现金控制是指对公司以及各个相关部门的现金流入和现金流出过程所进行的控制。企业财务通常采用权责发生制，导致利润与现金净流入不相等，因此，企业对现金必须进行单独的控制。企业日常的生产经营活动以及财务活动主要是以现金形式进行流转的，因而企业对现金的控制和掌握就显得十分重要。现金控制的主要工作就是要使现金流入和流出保持一定的平衡，避免出现因现金短缺而发生的企业支付危机。同时，阻止因流动现金剩余过多而造成的机会成本增加。通常企业进行现金控制有以下四种方法。

（一）加速收款

　　加速收款是指尽可能地缩短应收账款的回收时间。应收账款是商业信用的主要类型，利用应收账款可以有效地吸引客户，扩大企业的规模，增加销售收入。此外，企业在进行产品或服务销售的同时，应当提前规划好销售模式，尽可能地缩短收款的账期，以减轻企业的资金压力，提高资金的流动性和周转率。

　　企业还可以适当地提供现金折扣来提高收款的占比，激励客户积极且及时地支付账款，以减轻企业的资金负担。当然，这要根据企业自身的财务状况以及企业的经营管理情况而定。与此同时，企业应当在缩短收款周期与提供现金折扣之间取得平衡，使企业自身的资金压力处在一个自身可承受的范围内。

（二）延期付款

延期付款简称为"延付"，它是利用供货或提供服务的企业的流动资金来完成自身生产经营活动的一种方式。通常延期付款的成本等同于放弃现金折扣的成本，所涉及的付款期是指购货企业实际付款的天数。企业选择付款的时间不同，放弃现金折扣的成本也就不同。企业可以充分利用供货方提供的现金折扣，在现金折扣期满最后一天支付货款；甚至在公司现金紧缺时，可以放弃现金折扣，在信用期满的最后一天支付应付货款。

企业可以适当地推迟付款时间，不过，购货企业需要支付延期付款成本。当然，这部分成本是根据相关法律法规应缴纳的罚金以及按照合同条款应承担的违约成本。因此，针对延期付款来讲，企业应当合理地考虑延期付款对企业自身所造成的综合影响，并充分考虑有利因素和不利因素，而后再进行相应的决策。

（三）现金流动同步化

企业现金的流入与现金流出的时间与金额基本保持一致，称为现金流动的同步化。在一段时间内，如果企业得到一定数量的现金流入，而现金的流出分散且均匀，那么，在这段时期内，企业持有的平均现金余额就为这一定量现金流入的一半。若企业在一段时间内现金流入和现金流出均分散均匀，那么企业应持有的平均现金余额就会大幅度减少。甚至存在一种特殊的情况，企业在一段时间内流入的现金量恰好等同于流出的现金量，那么，企业所需要持有的现金金额就接近于零。也就是说企业只需要持有很少的现金就可以正常维持企业的生产经营活动。这是极为理想的状态，企业的财务管理应以这样的目标为方向，将企业所持有的现金量规划降到最低。如此一来，企业不会因大量持有固定资金而造成资金的闲置，也不会因资金短缺而造成资金使用的困难。

首先，企业应该做到对现金的收入和支出有较准确的预测，并且预测应在合理的范围内。其次，企业应根据对现金使用情况的预测来合理分配现金的收入和支出，制订现金使用计划，根据现金使用的计划合理安排企业的生产经营。最后，企业根据制订的现金使用计划，严格地落实并执行到位，不可轻易受其他因素的干扰。如有特殊情况需要调整现金使用计划，则应经过企业高层或各个部门一致通过。

（四）合理使用现金"浮游量"

现金"浮游量"是指企业记录在银行账上的存款与企业账目上的现金余额之间存在的差值。企业在交付银行结算款项时，通常会有一定的时间差，因此，就形成以下四种情况：银行已收而企业未收、银行已付而企业未付、企业已收而银行未收以及企业已付而银行未付。其中，银行已收而企业未收和企业已付而银行未付会让企业的银行存款数据低于银行的存款数据；银行已付而企业未付和企业已收而银行未收会让企业的银行存款数据高于银行的存款数据。在不影响企业信用的前提下，企业充分利用现金"浮游量"，在支付货款时尽可能地将支付时间拖延至银行结算时间之后，企业的现金"浮游量"也会相应地增大。这一方法在一些企业中被普遍采用，用来提高现金的使用效率以及节约现金的使用量。

三、确定最佳现金持有量

企业通常会根据自身的发展方向以及生产经营情况来确定应当持有的最佳现金量。若企业正处于高速发展阶段，手中则不应持有过多的现金量，而是要把更多的现金重新投入新设备的购置、新技术的研发或新市场的开拓上，以期在市场上更快速地占据先机。若企业正处于不利的市场环境或是社会大环境正处于高度的不确定性中，则企业优先选择持有更多的现金，以抵御未来发展的不确定性因素；或者银行利率下行，各种可能投资的领域没有良好的投资机会时，企业也更多地会选择将现金保留在自己手中，等待时机。

企业通常确定最佳现金持有量的模式有四种，即现金周转模式、成本分析模式、存货模式、随机模式。

四、将预计现金收支数量及余额与最佳现金持有量进行对比

企业在生产经营过程中，首先要预先对现金的收支数量以及余额进行整体的规划，然后，在日常的生产活动中对现金的使用情况加以合理控制，使企业现金的利用情况在可控的范围内，不可偏离计划范围太多。通过这些方法，可以更为准确地确定最佳现金持有量，接着，要将预计现金收支数量及余额与最佳现金持有量进行比对，根据生产经营中的实际情况对具体方案进行调整。当企业预计现金余额低于最佳现金持有量时，企业应当考虑出售已有的有价证券或是通过筹资的方式来获得所需的现金；而当企业预计现金余额高于最佳现金持有量时，企业应当考虑购进有稳定收益的有价证券或是选择其他类型的投资方式，减少企业的闲置资金数量，以期获得更大的收益。

五、采取短期措施

出售有价证券或其他筹资方式和购进有价证券或其他投资方式，其涉及两种方法——筹资和投资。

筹资渠道不同，企业所采取的筹资方式也不同。例如，针对银行信贷资金，企业可以通过向银行借款的方式来进行筹资；对于民间资本和国外资本，企业可以通过发行企业债券或利用商业信用等方式进行筹资。企业的投资主要分为实物投资、证券投资、资本投资。

（一）筹资

企业筹资是指企业根据其生产经营情况、自身长远发展规划以及对外投资情况等，通过相应的筹资渠道或金融市场，以较低的成本有效地筹措或集中资金的活动。

1. 企业筹资渠道

（1）政府财政资金。政府财政资金是指国家运用价值形式参与社会

产品分配，形成归国家集中或非集中支配，并用作指定用途的资金。它是国有企业资金的重要来源，由国家预算资金和国家预算外资金共同构成。

（2）银行信贷资金。银行信贷资金是很多企业资金的重要来源，这是因为其方式更加灵活，覆盖面更广，资金使用更加方便，可以满足企业各种情况的需求。银行信贷按用途可以分为流动资金贷款和固定资产贷款。流动资金贷款包括票据贴现、临时贷款和周转贷款等；固定资产贷款包括科技开发贷款、基本建设贷款和技术发行贷款等。企业筹资按期限可以分为长期贷款、中期贷款和短期贷款：长期贷款的期限为 5 年以上（不含 5 年）；中期贷款的期限为 1 年以上（包含 1 年）、5 年以下（含 5 年）；短期贷款的期限为 1 年以内。

（3）非银行金融机构贷款。非银行金融机构贷款是指除银行以外从事金融业务的金融机构，其能够为企业自身生产经营发展提供所需资金。非银行金融机构包括融资公司、金融租赁公司、证券公司、城市信用社、金融信托投资公司、保险公司等。

（4）其他法人资本。其他法人资本是指企业法人用其可支配的资产或者是具有法人资格的社会团体或事业单位，以国家法律允许的用于生产经营的资产向企业注入的资金。此类法人通常会选择将闲置的资金用于投资，以期获得比银行存款高的利息或是投资收益。有资金需求的企业会利用这部分资金来扩大再生产，或是维持企业自身的生产经营等。

（5）民间资本。民间资本也称民间资金，其是指股份制企业或是民营企业中属于私人股份或是其他形式的私人资本的统称。民间资本随着国内改革制度的进行，在市场经济环境下创造出了大量的社会财富。这些财富聚集在民间，虽然分散，但有着庞大的资金总量，是金融市场旺盛的"新鲜血液"。合理利用民间资本，可以更好地助力国民经济发展。所以，国家大力鼓励民间资本参与国家建设、产业升级以及产业的高质量发展，出台了相应的优惠政策来支持民间资本，使之得到合理有效的使用。因此，企业在自身发展的过程中遇到资金难题时，可以通过民间资本的注入渠道而方便地得到解决。

（6）企业内部资本。企业的内部资本是指企业的盈余公积和未分配的利润。企业的盈余公积是企业税后利润的一部分，可以用来弥补企业亏损及转增资本或是股本，或是用来扩大再生产及派送新股等。未分配利润是指企业留到以后年份再进行分配或有待分配的利润，这部分资金同盈余公积一样，也是企业可以自己支配的资金。相较于上文介绍的五种不可控的筹资渠道，企业内部资本是企业自身可控、可支配的资金。企业内部资本作为企业抵御风险或是弥补现金余缺的资本，既可以被企业留作储备金，也可以被企业立即使用。

2. 企业筹资方式

（1）投入资本筹资。投入资本筹资是指非股份制企业以书面协议等形式吸收国家、其他企业、外商和个人等直接投入的资本。它是非股份制企业筹集资金的基本方式。

（2）发行股票筹资。发行股票筹资是股份制企业最常使用的筹资方式，也是保障企业稳定发展的一种重要筹资方式。

（3）发行债券筹资。发行债券筹资指企业通过发行债券的方式来筹集资金，它是企业筹资的一种重要方式，其筹资范围比发行股票要广。如果发行的债券符合国家相关法律法规的规定，那么，企业所发行的债券就可以在市场上自由转让以及自由流通。

（4）发行商业本票筹资。商业本票是指企业签发的并书面承诺在见到票时或是到达指定日期时，无条件支付一定金额给持票人或收款人的票据。发行商业本票的筹资方法覆盖的范围比较广泛，企业与其他购买商业本票的个人或组织往往以书面形式记录来作为筹资依据，形式方便且灵活。

（5）银行贷款筹资。银行贷款筹资是指企业以向银行贷款的方式筹集生产经营所需的资金。银行分布较为广泛，可以提供的贷款种类和期限灵活多样，因此，企业利用银行贷款进行筹资比较方便灵活。不过，政策性之外的贷款利息也相对较高，最初申请时可能比较困难，需要企业提供详细的可行性研究报告以及财务报表。银行贷款筹资不会使企业资产所有权发生转移，但企业一旦资金链断裂，无力偿还贷款，则可能引发企业破产。

（6）商业信用筹资。商业信用是指商品的赊销，其通常有三种方式：欠账、期票和商业承兑票据。商业企业之间最常见的就是欠账方式。期票是指卖方企业要求买方签发期票来证明买方企业欠卖方企业的债务，期票上需写明买方企业必须在未来的哪一天支付欠款。商业承兑票据是另外一种证明双方债务关系的方式。它是指卖方企业向买方企业开出汇票，要求买方在未来的某个时间点兑付票面金额。卖方等买方承兑定期汇票后，再交付货物。买方承兑票据时，需要指定一家负责到期付款的银行，这样的汇票就称为商业承兑票据。它还具有一定程度的变现性，这与买方企业的信誉有着直接的联系。若商业承兑票据可以方便地变现，则卖方可以将商业承兑票据以折扣的方式转让出去，立刻拿到货款，等到汇票到期，其汇票的持有者到指定银行换取款项。一家企业只要信誉良好，就会很容易地拿到商业信用筹资，其商业承兑汇票即使进行转让，第三方也会乐于购买。

（7）租赁筹资。租赁筹资是出租人以收取租金为条件，承租人在一定时间内可以占有或使用财产权利的一种契约性行为[①]。对于企业来说，租赁筹资的方式有筹资速度比较快、限制条件较少、减少设备淘汰风险、到期归还本金负担轻以及税收负担轻等特点。

（二）投资

投资，简单来说，就是货币转化为资本的过程。投资可分为实物投资、证券投资和资本投资等。

1. 实物投资

实物投资是以实物作为出资方式的投资，如企业厂房、设备机器、建筑物或其他物资。

2. 证券投资

证券投资属于狭义的投资，是指企业通过购买有价证券来获得收益的投资方式。有价证券可以进一步分为货币证券、资本证券以及财物证

---

① 薛玉莲，李全中，方拥军. 财务管理学 第3版［M］. 北京：首都经济贸易大学出版社，2018：189.

券三种形式。

有价证券都在票面注明一定数量的金额，并且可以证明持券人有权在规定的期限后或期限中获得一定的收入；与此同时，有价证券也可以通过转让和自由买卖的形式来交易其所有权或债权凭证。在实际的经济活动中，有价证券通常简称为证券。有价证券本身并没有任何价值，它只是作为持有者获得利息或股息收入的一种凭证而拥有一定的价值，因此，它可以在证券市场上进行自由买卖和流通。

3. 资本投资

资本投资是指所有投资者投入企业经营的全部资金的账面价值，其中包括股本资本和债务资本。债务资本指债权人提供的短期贷款和长期贷款，不包括应付单据、应付账款以及其他应付款等商业信用负债。

综上所述，现金管理的内容与流程是企业首先编制现金收支计划，根据现金收支计划来确定现金收支数量及余额。而企业日常对现金的控制可以确保会计工作按计划进行现金的收支，而后通过四种模式，确定企业最佳现金持有量，并以此为标准，将企业的预计现金收支数量及余额与最佳现金持有量进行比对：若出现现金富余，则应当采取短期的投资措施，使闲置资金得到充分的利用；若出现现金短缺，则应当采取短期的筹资措施以补足现金缺口，维持企业正常的生产经营活动。

第三节　现金管理的模式

一、现金周转模式

现金周转模式是一种确定最佳现金持有量的计算方法，其可以全面地记录和描述存货资金周转的过程，为准确有效地计算存货资金周转提供了可靠的数据支撑。

企业现金的周转模式是利用现金的周转天数来确定现金的最佳持有量。现金周转天数是指现金从投入企业生产经营活动的第一天开始，经过生产经营过程，最后又转化为现金整个过程所需要的天数。现金周转期与存货周转期、应收账款周转期以及应付账款周转期密切相关。

存货周转期是从收到采购材料开始，直到产品或服务最终销售完成所经历的天数；而应收账款周转期是从产品或服务销售完成到收回产品或服务的销售款项所经历的天数；应付账款周转期指从收到采购的生产资料到收到所支付的现金货款所经历的天数。从图中还可以明显地看出，存货周转期与现金周转期之间有重叠部分，并且存货周转期与应收账款周转期的合计天数与应付账款周转期和现金周转期的合计天数相同。这里等同的合计天数，也就是企业从收到采购的生产资料到收回现金之间合计的天数。

存货周转期、应收账款周转期、应付账款周转期与现金周转期之间的关系可以通过一个等式来说明。

现金周转期＋应付账款周转期＝存货周转期＋应收账款周转期

从这个公式中可以看出，存货周转期、应收账款周转期、应付账款周转期这三项，其中一项或几项发生变化，都有可能使现金周转期发生变化。但是，也存在例外的情况。若存货周转期增加的天数与应收账款周转期减少的天数相同，而此时恰巧应付账款周转期没有变化，那么，现金周转期就不会发生变化。

现金周转模式可以计算最佳现金持有量，主要分为三个步骤。

第一，确定现金周转期。由上文的等式可以推导出：

现金周转期＝存货周转期＋应收账款周转期－应付账款周转期

第二，确定现金周转率。现金周转率公式如下：

现金周转率＝365/现金周转期

第三，确定最佳现金持有量。最佳现金持有量公式如下：

最佳现金持有量＝年现金总需求量/现金周转率

计算出最佳现金持有量，企业就可以以此为标准，将现阶段企业所持有的现金量与最佳现金持有量进行对比。若企业持有的现金过多，则会降低企业的投资收益；而企业持有的现金不足，则会让企业遭遇债务风险，或是引发无法持续生产经营的风险，这也会让企业丧失相当一部分的机会成本。有了最佳现金持有量这个标准，既可以满足企业自身生产经营所需的资金需求，也不影响企业资金的正常流动。

二、成本分析模式

成本分析模式是企业对自身持有现金的管理成本、短缺成本以及机会成本进行估算，以确定最佳现金持有量的一种方法。这种模式认为，上述三种成本总和最低时的现金量为最佳现金持有量。

通过成本分析模式来确定现金最佳持有量时，不需要考虑现金的管理费用和现金的转换成本，只需计算现金的机会成本以及短缺成本即可。一定量的现金，投入一个项目或企业时，就不能投到其他项目或企业，因此，一定量现金的机会成本就是将这一部分资金投到其他地方所能产生的收益。同时，现金的持有量与机会成本呈正相关关系，即现金持有量越大，相对应的机会成本就越高，相应的短缺成本就越低；当现金的机会成本和短缺成本相等时，现金的总成本最低。这时企业的现金持有量就是最佳现金持有量。

以上的方法求证只是在较为理想的状态下，为了能够较为清楚地找到相关规律而提取较为理想的数值。然而，在企业现实的生产经营活动中，不管是现金持有量，还是机会成本以及短缺成本的数值，往往都没有连续性。这时，便可以采用无限靠近的方法找出最佳现金持有量，尽可能找到机会成本与短缺成本最为接近的一个点，最后确定最佳现金持有量。

三、存货模式

由前面介绍的两种模式可以看出：当企业持有的现金量多于企业生产经营所需时，企业就会出现现金闲置的情况，多余的现金因存放在企业的账户中而不能产生更多的收益，而所带来的现金短缺成本风险的降低可以不用考虑；而当企业所持有的现金量少于企业生产经营所需时，企业就会出现现金短缺的风险，严重时会造成企业资金链的断裂，导致企业正常的生产经营活动无法继续开展。因此，可以将企业的现金余额视为一种存货，当企业的现金余额留存过多时，就可以考虑将多余的现金用来购买有价证券、股票、基金等有相对稳定收益的投资产品，以有效地降低现金的机会成本；当企业的现金余额降到预先设定的一个数值时，企业就可以选择抛售这些收益相对稳定的投资产品，或者是选择通过筹资的方式引入一定数量的现金。虽然投资产品与现金之间的相互转换会产生一部分转换成本，但这样可以既及时补足企业当下对于现金的需求，减少短缺成本，又可以减少企业的机会成本。因此，通常很多企业会选择这种方式进行实际操作。这就是所谓的存货模式的思路和方式。

在这种模式下的最佳现金持有量，是持有现金的机会成本与证券变现的交易相等时的现金持有量。

利用存货模式来确定企业的最佳现金持有量需要满足三个前提条件：

第一，企业生产经营活动中，每隔一段固定的时间就会有一定量的现金流入。

第二，企业生产经营活动中，一段时期内的现金流出分散且分布均匀。

第三，在企业经营过程中可以通过购买有价证券、股票、基金等投资产品来获取现金。

设想一种理想状态，如果不存在现金短缺，那么，短缺成本就属于无关成本，同时，也不用考虑其管理成本。在这种情况下，存货模型就是一种直观且简单的模型，它的不足之处是假设现金流出量稳定且均匀分散，也就是每一次转换的数量是一个定值，不存在所谓的淡旺季明显的现金差异。这种模式也可以视为实验室模式，在研究两个变量相互之间的关系时，可以将无关紧要的因素忽略不计或是直接排除掉。

在实际操作中，可以以这个模式为参考，在机会成本与证券变现的交易近似相等时，确定现金持有量。企业的现实数据通常是不连续的，也不是均匀分布的。因此，只要找到两个数值最接近的一个点，就可以算出最可靠的目标现金持有量。

四、随机模式

企业在生产经营过程中受到诸多因素的影响，导致企业的发展充满了不确定性，由此，经济计量学会会员默顿·米勒和丹尼尔·奥尔提出了米勒-奥尔模型。

米勒-奥尔模型理论认为随着社会的发展、市场竞争的加剧，技术进步的速度日益加快，企业对现金的收入与支出的预测越来越困难，但可以根据企业的历史经验以及企业对现金的实际需求来估计所需现金持有量的上下限，将企业的现金持有量控制在上限和下限之间。企业日常的现金余额可以在现金持有量的上限和下限之间不规律地随机波动：当现金持有量达到上限时，企业会选择买入有价证券来降低机会成本；当现金持有量达到下限时，企业会通过卖出有价证券来换回现金，以补充企业现金的余缺，使企业的现金余额达到最佳现金持有量。用米勒-奥尔模型来预测最佳现金持有量的方法也被称为随机模式。这种模式符合大多数企业的真实情况，很多企业的生产经营情况并没有固定的规律可循，正如对于未来的预测一样，没有人知道将来会发生什么，所遇到的更多的情况就是不确定，而如何才能在不确定中寻找确定是这个随机模式所要解决的问题。

第四章

固定资产管理

第一节　概述

一、固定资产的特点

固定资产是指同时具有几个固定特点的资产，它是企业资产的重要组成部分。固定资产的特点主要具有两个方面的特点：第一，固定资产是经营者持有的能够为其生产商品、提供服务的企业资产；第二，商品的使用期限（寿命）一般都在一年以上，使用期限不足一年的资产不属于企业的固定资产。常见的固定资产包括：企业为经营和生产所建造的房屋、为生产购置的生产设备、为产品运输购置的交通工具。

固定资产是企业生产和再生产的物质基础，在科学技术日益发达的今天，物质基础作为科学技术的载体，在企业的生产和经营中发挥着十分重要的作用。企业的固定资产种类有很多，对企业生产和经营的作用也各有特点，有的固定资产会直接与企业的劳动者发生联系，使他们的劳动转成企业的产品或者提供的服务；有些固定资产则与生产活动没有直接的联系，如企业生产的场所、企业管理的工具等。固定资产的管理离不开对固定资产的认识和理解，科学的管理应该抓住管理项目的特点，以此为切入保证管理工作的有效性和针对性。固定资产的特点包括以下几个方面。

（一）为生产商品、提供劳务、出租或经营管理而持有

企业持有固定资产的目的是通过固定资产获取利润，如利用固定资

产获得商品或获得劳动手段等，可以说企业的固定资产是企业生产和经营的基础，如果没有固定资产，企业也不可能称之为企业。企业只有产生商品或者服务才能获得利润，虽然企业为获得商品或者服务必须为生产产品或提供服务的固定资产付出一大笔资金，但是固定资产的使用时间较长，能够收回成本并为企业赢取利润。需要注意的是，机械设备的经销商也购进大型设备，但是由于这些设备是用于交换出售，因此它们并不属于经销商固定资产的范围。

（二）使用寿命超过一个会计年度

固定资产的使用寿命是指企业工资资产使用时间的长短，或者某样资产能够为企业提供产品或者服务的数量。一般来说，房屋、建筑等固定资产的使用寿命主要是指其能够正常使用的年限，生产设备的使用寿命主要是指设备能够生产产品的数量，运输工具的使用年限主要是指其能够安全运行的里程数。固定资产的使用寿命最低为一年，这也意味着固定资产不能流动，会在一段时期内被企业所占有，随着使用期限的逐渐消耗，通过折旧计提来估算其实际的资产价值。

（三）固定资产是有形资产

固定资产具有实物性，这一特点也是固定资产与无形资产最大的区别。在企业运行过程中，有些无形资产可以具备固定资产的几个基本特征，如有些无形资产是企业本身固有资产，也可以为企业提供产品、服务，并且持续使用的期限会超过一年。但是，由于它不具备实物性的特点，不能将其称为固定资产，这一类型的无形资产实际上是企业长期资产的一种。

（四）能够多次参加生产经营过程而不改变其实物形态

固定资产作为一种劳动手段，直接或间接作用于劳动对象上，使劳动对象变为产品。在这个过程中，固定资产基本保持原有的物质形态和性能，并不断地发挥其作用，直到完全丧失其使用价值。因此，固定资产的价值补偿是随着固定资产的使用而逐渐进行的，而实物更新则要到固定资产报废时才能完成。

二、固定资产的计价

企业固定资产按实物量指标计算，表现为房屋多少平方米、机器多少台、运输汽车多少辆等。通过实物量指标，可以掌握企业的技术装备情况，确定企业的生产能力。固定资产一方面要从实物量方面进行反映，另一方面还要从价值量方面进行反映。实物量指标虽有反映具体的特点，但不能汇总，不利于综合反映固定资产的总体情况。为此，还必须利用货币作为统一计量单位，对固定资产进行计价。固定资产一般有以下几种计价方法。

（一）按原始价值计价

原始价值也称原值或原价，是指取得固定资产时所发生的全部成本。固定资产的估值是按照其原始价值进行的，随着使用寿命的减少对原始价值进行相应的折旧计提。企业获取固定资产的成本是在固定资产可以使用之前，所有为获取固定资产而发生的合理支出。通过对企业固定资产的原始价值的评估，可以比较准确地对企业经营的规模进行描述。一般来说，企业原始固定资产价值越高，企业的经营规模评估价值越大。

（二）按重置成本计价

重置成本也称现行成本，是指按照当前市场条件，重新取得同样一项资产所需支付的金额。按重置成本计价一般是在无法确定其原始价值的时候，如出现盘盈的固定资产、接收捐赠的无附单据的固定资产。固定资产的重置成本可以比较真实地反映固定资产的现时价值和规模。

（三）按净值计价

固定资产净值也称折余价值，是指固定资产原始价值扣除其累计折旧后的余额。固定资产净值反映的是固定资产未损耗的那部分价值，它反映企业尚未回收的那部分固定资产投资。按净值计价，一般是用于计算固定资产处置利得或损失以及资产负债表中的固定资产账面价值。

（四）按可收回金额计价

固定资产可收回金额是指固定资产公允价值减去处置费用后的净额与固定资产预计未来现金流量的现值二者之间较高者。如果固定资产为企业带来的经济效益比起账面的实际价值低，或者根本不能为企业带来收益，那么不能通过原始账面的价值来确定企业固定资产的实际价值，如果这时用原始价值对固定资产进行预估会发现结果是企业固定资产虚高以及利润的虚增。

第二节　固定资产的日常管理

一、编制固定资产购建计划，实行计划管理

一项具体的固定资产购建方案，应包括以下基本内容：

第一，计划名称、计划目的及详细说明。

第二，有关财务的各项估计：包括全部设备成本、需要时间、资金来源。

第三，工作进度及各阶段所需资金预计。

第四，投资后，生产能力及收益能力的估计。包括生产能力的估计；市场销售趋势的预测；收益能力、投资回收期间及投资报酬率。

投资计划主要包括：投资前的生产量、单位售价、生产成本、管理及推销费用、单位利润、总利润、每年现金流量；投资后上述各项的数额；税前盈余及税后盈余；投资报酬率；预计每年提取的折旧费；投资回收年限。

固定资产购建计划根据不同企业的不同管理需要而编制。企业应根据自身的具体情况确定其编制的具体方法。固定资产购建计划的编制需要企业各职能部门密切配合、协同研究。财务部门的具体工作是参与固

定资产购建计划的编制，其主要任务是综合检查投资项目中各个指标的测算工作，以弄清该项投资对企业资金的需求，以及对企业资金循环的各种影响，从而规划资金来源，合理安排资金支出。

二、固定资产归口分级管理

企业通行的一种固定资产管理制度是归口分级责任制，也就是在全局的基础上，由企业的经营者统一领导，按照固定资产的类别对固定资产进行分类，然后分配给相关的职能部门进行归口分级管理。采用这种广利方式能够对固定资产进行更加细致的管理和利用，可以有效提高固定资产的使用年限，减少固定资产维护或修理产生的额外费用。归口分级管理就是按照固定资产的类别将其分配给相关部门管理，然后再由部门逐级对固定资产的相关内容进行管理。这样可以保证企业每一个人员都成为固定资产的管理和维护者，保证企业固定资产得到更合理的利用。

实行固定资产的归口管理，处理好固定资产管理中的权责关系，可以把固定资产管理和生产技术管理结合起来，把使用者和管理者统一起来，能够调动企业各部门、各级单位和职工管理固定资产的积极性。它是根据管用结合、权责结合的原则，通过固定资产管理责任制实施对固定资产的管理。企业固定资产种类繁多，数量较大，使用地点分散，涉及企业各职能部门、各级单位和全体职工。因此，要管好、用好固定资产，必须把固定资产管理的权限和责任落实到有关部门和使用单位，实行固定资产归口分级管理责任制。

实行固定资产归口分级管理，一般的做法是：生产部门对全厂的生产设备进行管理；动力部门对全厂的动力设备进行管理；运输部门负责管理运输工具；总务部门则对房屋、家具进行管理；技术部门对各种科研开发设备进行管理。主要原则就是各部门分管其部门的固定资产，以确保固定资产的完全完整。

企业内部各车间、班组和有关科室是使用固定资产的具体单位。因此，在归口分管的基础上，还要层层对口、分级负责，将固定资产分别落实到各级使用单位，由其负责管理。在其管理中，严格执行财产管理制度，保证固定资产完整和合理使用，发挥固定资产的使用效率。同时，根据谁使用谁负责管理的原则，进一步落实到基层和个人，与岗位责任制结合起来，便可做到层层负责。

企业财会部门是管理固定资产购建的专职部门或综合协调部门，对固定资产管理活动负有总的责任。其主要职责是联合相关的职能部门，对固定资产进行计划的编制，同时制定相关的管理制度和管理方法，对企业的固定资产进行有效的管理。在具体的实施过程中，对其进行监督，并且不断核算分析企业的固定资产，掌握固定资产的变动状况，随时了解企业固定资产的使用情况；协助各归口部门做好固定资产管理的各项基础工作，组织财产清查，使固定资产的安全保管和有效利用得到可靠保证。

三、固定资产的制度管理

作为固定资产管理的综合部门，财会部门主要是负责固定资产的安全保管。与此同时，保证固定资产的有效使用。在固定资产的管理制度上，财会部门要与有关的职能部门进行合作，共同制定相关的管理制度和管理方法，规定各类固定资产的增减变动、维修更新的手续，协助有关部门执行。具体包括以下三项。

第一，固定资产的标准，按现行制度规定执行。凡是符合固定资产基本特点，属于固定资产企业资产，无论资金从哪里获得，都应该及时计入相应账户，并按照相关的规定进行折旧计提，不能存在账户记录之外的固定资产。因为固定资产是企业承担民事赔偿责任的重要来源，为了保护债权人的利益，企业所有的固定资产都必须按照法律的规定记录在企业的固定资产账户之中。

第二，建立健全固定资产账卡和记录，为固定资产的管理和利用提供可靠的决策依据。在固定资产的管理中，企业应该尽可能促进财务管理部门和固定资产使用部门的合作，对固定资产进行详细的分类和明细记录，为固定资产编制统一管理制度。固定资产的构建必须经过企业内部一系列的评估与决策才能实现，因为固定资产会占用企业一部分流动资产，如果固定资产的构建不能为企业带来更好的收益，就没有必要构建新的固定资产。因此，固定资产构建评估主要是对新的固定资产能够为企业生产和经营带来的收益进行衡量。

第三，对固定资产进行定期的清查和盘点。关于固定资产的盘点，企业应当制定相关的程序和时间要求，固定资产至少要每年盘点一次，并且逐渐形成一种制度。如果在此过程中，发现一些问题，应该交由固定资产的使用部门查明原因，并最终出具书面报告。经企业管理部门审核批准之后，对固定资产进行统一的处理，提高固定资产的利用率。对于一些没有估价入账的固定资产，企业财务部门需要按照固定资产的质量，以市场上同种产品的平均价格为基础，进行合理估价，然后计入固定资产。一些已经超过使用年限的固定资产，要及时对其进行处理。

四、固定资产报废与清理管理

固定资产有其使用的年限和使用的范围，在超出这一使用范围之后，固定资产会失去其价值，造成价值的减少。对于固定资产的报废，以及固定资产报废的审批手续，财会部门要进行严格的审查与分析。同时，对于固定资产报废的原因进行深刻研究，了解是否需要进行报废清理，并且查看其是否还有继续使用的可能。固定资产报废的原因有很多种，可能是由于正常使用的磨损造成的，也可能是由于保管或使用过程中的不当造成提前报废。

对报废的固定资产要把好审批关。对按规定重新改（扩）建工程必须拆除的，或固定资产已经超出其寿命期限，并且经过专业鉴定证明其确实不存在修复并投入继续使用的可能；或者由于不可抗力因素的影响；或者是由于自然灾害遭受严重损坏的情况，需要对固定资产进行清理和报废的申请。

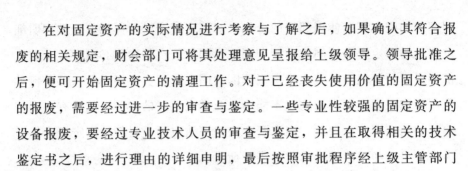

在对固定资产的实际情况进行考察与了解之后，如果确认其符合报废的相关规定，财会部门可将其处理意见呈报给上级领导。领导批准之后，便可开始固定资产的清理工作。对于已经丧失使用价值的固定资产的报废，需要经过进一步的审查与鉴定。一些专业性较强的固定资产的设备报废，要经过专业技术人员的审查与鉴定，并且在取得相关的技术鉴定书之后，进行理由的详细申明，最后按照审批程序经上级主管部门批准才能报废，基层单位无权擅自对其进行报废的处理。

固定资产的清理批准下来之后，财会部门需要与有关部门进行配合，对固定资产的残余价值进行正确的估计，同时对相关的费用和开支进行有效监督，将变价收入及时入账，计入营业外收入，最终由企业安排使用。

五、坚持挖潜、革新方针，监督固定资产的合理使用

企业在不增加投资的前提下，通过挖潜、革新、改造的方法，也是提高企业生产能力的一个重要途径。

第一，在保证生产经营正常进行的条件下，压缩非生产用固定资产购建比重，积极处理不需要的固定资产，减少未使用的和备用的固定资产，使现有的生产设备尽可能投入生产，增加企业的生产能力。

第二，提高房屋建筑物现有生产面积和利用程度，减少非生产用面积，合理配置生产设备和减少单台机器设备的占用面积和调整通路等。这样可以在不增加房屋建筑物的情况下，提高生产面积的利用程度。

第三，把企业固定资产的更新、改革以及大修理与技术革新和技术改造紧密结合起来在不增加或少增加投资的情况下，恢复固定资产性能，提高其生产效率。

第四，加强在建工程管理，节约固定资产购建支出，使在建工程尽快形成实际生产力。

第三节　固定资产的购建决策管理

固定资产购建决策是企业固定资产购建管理的关键环节，企业应重点研究对固定资产购建决策的管理。

一、固定资产购建决策的方法

固定资产购建决策方法是指对投资项目进行可行性的分析评价和最后决策所采用的一系列方法。固定资产购建决策方法很多，可概括为非贴现现金流量法和贴现现金流量法两大类。

（一）现金流量

1. 现金流量的概念

现金流量是指与企业固定资产的构建和决策有密切联系的现金的收入和支出。现金流量是评价投资方案是否具有可行性的基本指标，在经过计算之后可以得出具体的数值。其计算公式如下：

现金流量＝一定时期内现金流入量－现金流出量

现代财务管理学从某方面来说就是通过现金流量来衡量项目收益，为资金管理提供决策依据的一门学科。在现代财务管理学中，很多情况都是通过现金流量来衡量不同投资项目的收益的，净利润虽然是企业盈利能力的重要体现，但在某些情况下并不太适用。造成这一现象的原因可以从以下两个方面来理解。

第一，现金流量能够更好地体现企业货币资金的流动情况，可以准确地反映出企业在经营过程中资金的增减变化，帮助管理者判断企业的资金是否处于平衡状态，维持企业健康的运营状态。

第二，采用现金流量表可以在投资的计算之中对货币的时间价值进行考虑，以更加准确地反映企业运营的真实状况。如果需要判定每笔款项的收入和支出的时间与数额，在经过一段时间之后，由于市场的变化，资金的价值会发生相应的变化，在项目投资的过程中，必须对资金的时间要素进行衡量。

而利用利润额大小衡量投资项目优劣时存在以下不足：

第一，在固定资产的构建过程中，需要付出大量的货币现金，这一要素实际上会被忽视，没有得到充分的尊重与考虑。

第二，固定资产的价值都是用其原始价值减去折旧计提的价值得出的，在固定资产的折价过程中，并没有涉及现金，只是价值数字上的变化。

第三，计算固定资产带来的企业利润时，很多时候并没有将所有要素完全考虑进去，如垫支流动资金的数量以及资金的时间价值等。

第四，只要企业的销售方案已经确定，就应该算入当期的销售收入之中，但是实际上企业还有一部分并没有获得现金，只不过是账面上的数字。

2. 现金流量的构成

投资决策中的现金流量，一般由初始现金流量、营业现金流量和终结现金流量构成。

（1）初始现金流量

初始现金流量主要是指投资发生之初所产生的现金流量。一般来说，初始现金流量主要包括以下几个部分。

①固定资产的原始投资。固定资产的原始投资是获取固定资产的成本，即企业建造厂房、购买设备所产生的费用。

②与固定资产相配套的流动资产投资支出。这一部分支出主要是企业对生产材料和资产流通进行的资本投入。

③其他投资费用。其他投资费用是指与固定资产的购置、安装、使用等紧密相关的其他费用的支出，如员工技能培训产生的费用、聘请专家产生的费用等。

（2）营业现金流量

营业现金流量是指企业的项目投资结束之后，企业的固定资产在其使用寿命之内所产生的现金收入与支出。一般来说，营业的现金流量等于营业产生的现金收入减去营业消耗和税金。这种类型的现金流量，一般都是以年为单位进行核算的。需要注意的是，定期损益的计算中出现的净收益，与营业的现金流量是不同的，因为定期损益会将固定资产的折旧以及其他消耗计算在内。以定期损益计算所确定的净收益为基础，也可以对营业的现金流量进行计算，其公式为：

营业现金流量＝定期损益计算所确定的净收益＋非现金支出的费用

（3）终结现金流量

终结现金流量是企业项目产生的三种现金流量之一，它是项目经济寿命终结的时候发生的一种现金流量。

3. 现金流量的计算

现金流量的计算包括全额分析法和差额分析法。全额分析法用于对扩大收入投资项目的现金流量计算；差额分析法则用于对降低成本投资项目的现金流量计算。

（二）非贴现现金流量法

非贴现现金流量法是不考虑资金时间价值的各种方法。这类方法主要包括年平均报率法、投资回收期法等。

1. 年平均报酬率法

平均报酬率是指项目寿命周期内的年均现金流量与初始投资的比率或年平均营业现金流量与平均投资额的比率。年平均报酬率指标是通过计算比较年平均报酬率的大小评价投资方案好坏的方法。其评价标准是以年平均报酬率最大为好。

年平均报酬率也叫年平均收益率、年平均投资报酬率等。它是投资收益额与投资成本额之比。由于对投资收益和投资成本的看法不同，年平均报酬率的计算具有多种不同方式。

2. 投资回收期法

（1）投资回收期法的概念及计算

投资回收期指标是通过计算比较投资回收期的长短比较投资方案好

坏的方法。其评价标准为：投资回收期一般不能长于投资有效期的一半，多个方案中则以投资回收期最短者为好。

投资回收期亦称投资偿还期，是指从开始投资到收回全部初始投资所需要的时间，一般用年表示。由于初始投资的收回主要依赖营业现金净流量，因此，投资回收期的计算因营业现金净流量的发生方式而异。

如果营业现金净流量以年现金形式发生时，则：

$$投资回收期=\frac{初始投资}{年现金净流量}$$

如果营业现金净流量逐年不等额发生时，则须计算逐年累计的现金净流量和各年末尚未收回的投资额。假设初始投资是在第 n 年和第 n+1 年之间收回，则回收期可按下式计算：

$$投资回收期=n+\frac{第 n 年末尚未收回的投资额}{第 n+1 年的现金净流量}$$

在应用投资回收期法进行投资决策拟订可行性方案时，企业通常将投资方案的投资回收期同投资者既定的期望投资回收期进行比较。若投资方案的投资回收期小于或等于期望回收期，则投资方案可行；反之，则不可行。即投资回收期≤期望回收期，投资方案可行；投资回收期＞期望回收期，投资方案不可行。如果对两个或两个以上的可行性方案进行决策时，则回收期短者为优。

上述期望回收期，是投资者事先规定的投资回收年限。一般而言，投资方案的投资回收期至少要比投资项目所形成的固定资产的经济寿命要短。

（2）投资回收期法的优缺点

投资回收期法的优点：

第一，简便易行。其计算公式简单明了，且计算所需数据可直接从会计记录中取得。

第二，考虑了现金收回与投入资金的关系，促使投资者选择现金流入较快的方案。

第三，通过对投资收回时间长短的评估，对资本进行合理的运作，可以加速资金回流，降低经营风险。

投资回收期法的缺点：

第一，时间是投资回收的重要因素，投资回收期的计算和评估并没有对资本的时间价值进行考虑，这使得该指标并不是完全可信，因为资本的时间价值会对计算和评估的结果产生一定的影响。

第二，对投资的整体收益缺乏认识，这也使得投资回收法具有较大的局限性，只有在某些特定的情况下才能完美契合项目整体。

（三）贴现现金流量法

贴现现金流量法是考虑了资金时间价值的方法。这类方法主要包括净现值法、现值指数法、内含报酬率法。

1. 净现值法

投资方案的净现值（Net Present Value，NPV）是指投资方案未来现金流量的现值，减去其净投资额现值以后的余额。即从投资开始直至项目寿命终结，所有现金流量（包括现金流入量和现金流出量）按资金成本或其他特定的贴现率计算的现值代数和。净现值流量的现值和净投资额的现值是由净现金流量和净投资额按企业的最低报酬率或资金成本率这一折现因素折算而得到的。净现值法便是通过比较各个方案净现值的大小而选择最优可行性方案的一种方法。净现值计算公式如下：

净现值＝现金流入的现值总额－现金流出的现值总额

$$NPV = \sum_{t=1}^{n} R_t \ (1+r)^{-t} - \sum_{t=1}^{n} C_t \ (1+r)^{-t}$$

式中：NPV——净现值；

　　　　Rt——第 t 期的现金流量；

　　　　Ct——第 t 期的货币资金投资（一般是指固定资产购建额与营运资金垫支数）；

　　　　n——项目预计使用年限；

　　　　r——最低报酬率（或资金成本率）。

净现值指标的判断标准是：在只有一个备选方案时，净现值为正时可以采纳该方案，净现值为负时不能采纳。因为当净现值为正时，表明企业的投资可以获得现值报酬；否则，企业得不到现值报酬，现值报酬考虑了资金的时间价值的报酬。在众多投资额相等的可行性方案中，净现值最大者为最佳方案。

净现值法的优缺点包括以下内容。

（1）优点

第一，考虑了资金的时间价值，通过贴现将未来现金流量折算成现值，使不同时期的现金流量换算成同一时点上的货币金额，从而使对各方案的评价、比较更加合理和科学。

第二，能够反映各种投资方案的净收益（或现值净收益）。

第三，考虑了最低报酬率。该方法要求将项目寿命期内所有的现金流量按最低投资报酬率或资金成本率贴现，由此可直接判断该方案是否可行。

（2）缺点

第一，不能直接说明各个投资方案本身可能达到的实际投资报酬率是多少，在投资有限的情况下，只是根据各个投资项目净现值的绝对数做出投资选择是不能争取实现最大的投资效益的。

第二，运用该方法时，首先要确定最低报酬率或资金成本率，否则该方法难以应用。而准确测定最低报酬率则是比较困难的，因为它要考虑到资金取得成本与未来各种有关因素的影响。

第三，如果两个项目寿命不等，寿命长的项目净现值大，寿命短的项目净现值小时，就很难用净现值辨别其优劣。这是因为，可将寿命短的项目收回的投资及时投放出去获得现金流量。

第四，当两个项目投资规模不一，投资规模大的项目净现值大，投资规模小的净现值小时，也很难做出正确的判断。

2. 现值指数法

现值指数法（Present Value Index，PVI）是通过对现值指数的计算对决策方案的好坏进行评估。所谓现值指数就是项目未来收益的现值总和与初始投资综合的比例，通俗来说就是每一单位数量的投资（通常以万为单位）所能带来的收益。计算公式如下：

$$PVI = \frac{投产后各年收益的现值总额}{各项初始投资的现值总额} = \frac{\sum\limits_{t=1}^{n} R_t (1+r)^{-t}}{\sum\limits_{t=1}^{n} C_t (1+r)^{-t}}$$

式中：R_t、C_t、n、t 的含义同净现值计算公式。

现值指数法是净现值法的一种变形，现值指数和净现值之间有着内在的联系。即：净现值＞0，现值指数＞1；净现值＝0，现值指数＝1；净现值＜0，现值指数＜1。

因此，在运用现值指数法进行企业投资决策时，一般把现值指数大于1的方案视为可行性方案。对两个或两个以上的互斥方案进行择优决策时，现值指数最大者为最优可行性方案。

在一般情况下，现值指数法可以反映财务投资方案获利能力的大小。如果把初始投资看作投资成本，把未来现金流量的现值看作收益，那么现值指数也称为成本收益率或获利指数。

现值指数法是通过比较不同方案现值指数的大小或获利能力大小而确定较优的方案，克服了净现值法不能对不同规模、寿命周期不同的各投资方案进行比较的缺点，但仍存在着要预先确定最低报酬率或资金成本率的问题，且其含义比较难以理解。

3. 内含报酬率法

（1）内含报酬率法的概念

内含报酬率法（Internal Rate of Return，IRR）是通过计算比较内含报酬率指标进行决策判断的方法。内含报酬率是使投资项目的净现值等于零的贴现率，又称内部报酬率，它是投资项目本身可以达到的报酬率。

（2）内含报酬率的计算

内含报酬率的计算较为复杂，根据投资方案有关的现金流量的发生情况，一般有两种计算方法：

第一，当各年现金净流量相等时，可以用年金现值系数插值法求得。

第二，当每年现金净流量不相等时，内含报酬率的计算，通常需要逐步测试法求得。

内含报酬率法就是通过分析内含报酬率的大小而评价其方案是否可行或是否为最优可行性方案的一种方法。在运用内含报酬率法进行企业投资决策时，财务管理人员一般需要根据具体情况首先确定一个要求达到的内含报酬率。如果某一方案的内含报酬率大于要求达到的内含报酬率，则认为此方案是可行性方案。在对两个或两个以上的可行性方案进行评价时，内含报酬率最大者为最优方案。

（3）内含报酬率法的优缺点

内含报酬率法的优点：

第一，同净现值法一样，它既考虑了各期收益的时间价值，也考虑了整个项目寿命期的全部收益。

第二，它直接指明企业可以达到的最高报酬率，用它和企业资金成本比较，可以反映出企业的资金增值和实际收益情况；用它和部门、行业的基准收益率比较可以直接测定项目是否符合部门和行业标准，可否立项。其结论直观、鲜明，决策者乐于采用。

第三，便于投资方案的优选与评价，尤其是对那些只是投资规模不同，其他条件相同的投资决策，净现值法无能为力，而内含报酬率法却能很好地加以运用。

内含报酬率法的缺点：

第一，它同净现值法一样仅用相对数比较，这样在选项中，投资额少、内含报酬率高的方案入选，而投资额大、净现值率大的方案往往遗漏，不利于企业选择收益最多的方案。

第二，内含报酬率法假设各期贴现率相等、各期资金成本相同，但在实际中却很难成立，最低报酬率或资金成本率也很难确定。

第三，在现金流量呈多次正、负交错的不规则时，同一个方案可能出现几个内含报酬率，必然增加决策的难度。

第四，内含报酬率只反映报酬对投入的比率，并不意味着对企业的投资收益最大。这时，内含报酬率法往往要借助净现值法的帮助。

二、固定资产购建决策方法的比较

（一）投资决策方法的特征

固定资产购建决策中的非贴现现金流量法和贴现现金流量法，在实际工作中均有不同程度的应用。但是，各种方法可能导致各不相同的投资决策结果。因此，必须回答这样一个问题：到底哪种方法最佳？如果将最佳方法理解为一种能够选择一系列使公司价值最大化项目的方法，那么，该方法应具有以下特征：

第一，该方法必须考虑投资项目整个寿命期内的现金流量。

第二，该方法必须考虑货币的时间价值。

第三，运用该方法在进行互斥项目选择时，必须选择能使公司价值（公司股票价值）最大的项目。根据这些特征来衡量前述的各种方法，就会有此类结果：投资回收期法与第一点、第二点不符；年平均报酬率法也与第二点不符，即它采用的是会计收益而非现金流量，没有区分早期货币价值与晚期货币价值的差异。净现值法、现值指数法和内含报酬率法都符合第一、第二点，在评价相互独立的项目时，这三种方法都能做出明确的可行与不可行的决策。但唯有净现值法在任何情况下，都能够满足第三点的要求。

（二）几种贴现现金流量法的比较

1. 净现值法与内含报酬率法的比较

在一般情况下，只要不同的投资方案是相互独立的，那么无论是用净值法还是用内含报酬率法，所得结果都是一样的。这是因为二者评估的内容具有逻辑上的联系。内含报酬率法只要内含报酬率比投资的资金成本高，投资方案就具有可行性，而就实际情况来说，内含报酬率高说明企业的投资收益高，资金的回报率大于投资成本率，净值肯定会大于零。净现值法要求企业的净现值收益大于零，数值越大投资的可行性越高，而已经用内含报酬率法推测出内含报酬率高，净现值会大于零，二者实质上都是对净收益的评估，因此结果会一致。在进行计算方法的选择时，要根据具体的情况，合理采用评估手法，原则是简便、易行。需要注意的是，在不同而且互斥的投资方案中，一定要谨慎使用评估方法，有时不同的评估方法会出现不同的结果。

造成净现值法与内含报酬率法发生差异的最基本原因，是两种方法对再投资的报酬率（即再投资率）的假设各不相同。净现值法假定产生的现金流入量重新投资会产生相当于资金成本率的利润率，而内含报酬率却假定现金流入量重新投资产生的利润率与此项特定的内含报酬率相同（即企业能够按照投资方案的内含报酬率将该方案所产生的现金流入量予以再投资）。但对于大多数企业来说，它们较有可能按照投资方案的资金成本率而非内含报酬率将现金流入量进行再投资。由此可见，净现值法的再投资率假定比内含报酬率法要合理得多，也正因为如此，净现值法优于内含报酬率法。

2. 净现值法与现值指数法的比较

净现值法：这种方法使用净现值作为评价方案优劣的指标。所谓净现值，是指特定方案未来现金流入的现值与未来现金流出的现值之间的差额。

现值指数法：这种方法使用现值指数作为评价方案的指标。所谓现值指数，是未来现金流入现值与现金流出现值的比率，亦称现值比率、获利指数、贴现后收益—成本比率等。

只有在初始投资额不同时，净现值法和现值指数法才会产生不同的结果。净现值是一个差值，而现值指数是一个系数，因此二者在评价方式和关注点上有所区别。净现值衡量的是一个项目可以盈利多少，而现值指数衡量的是一个项目的盈利能力。盈利数额大并不一定意味着盈利能力强，因此二者可能会在对同一个项目的评价中产生分歧。

三、投资项目决策

（一）资本限量决策

在用于投资项目的资金有限的情况下，需要将资金与投资项目与不同的投资要素和投资方案进行有机的结合，将资金利用的效率发挥到最大，用最小的资金投入获取最大的收益。一般来说，在资金有限的情况下，对不同投资项目进行评估时，评估的项目不再是该项目的预计净现值，而应该是预计现值指数。因为净现值评估具有一定的局限性，如投资金额较高的项目，即使收益率比较低，也会产生比低投资项目更多的净收益。现值指数的评估则更具普遍性，并且可以对不同项目的投资收益进行优劣排名，帮助企业做出正确的决策。

（二）固定资产更新改造决策

1. 应否更新的决策

固定资产应否更新的决策是指就应否用新设备替换旧设备的问题进行的决策。设备在其有效年限内，随着使用时间的延长，其性能不断老化、精密度不断降低，因而其效率将不断下降、耗费将不断增大。当性能优良、消耗较小的新设备面市时，企业必然面临着应否更新的问题。进行此决策的关键在于比较新、旧设备的成本与收益，看更新所能增加的收益或节约的成本能否大于更新所需增加的投资。

2. 何时更新的决策

设备的有效期是指其能够使用的年限，亦即其自然寿命期。但是，从经济效益的角度考虑，设备并不一定非用到其自然寿命期终了。通常，设备的持有成本与使用年限呈反方向变动，使用年限越长，年均持有成本越小。主要的持有成本如设备的年折余价值。而设备的运行成本则与其使用年限同方向变动，使用年限越长，年运行成本越大。运行成本主要有设备的维修成本、低效成本（指效率降低而增加的材料、能源消耗和残次品损失等）。因此，设备的年均成本是呈凹形状态的，它在某一点上最低。在此点前，年均成本会随使用年限的延长而降低，超过该点则年均成本反而随使用年限的延长而增加。

第四节　固定资产的折旧管理

一、影响固定资产折旧的因素

在实际工作中，固定资产折旧是按会计期（年、月）计提的。因此，必须明确影响固定资产折旧的因素，以便作为计提依据。

（一）固定资产折旧基数

固定资产折旧是对固定资产本身损耗价值的补偿，因此如果企业想要对固定资产的损耗和折旧进行核算与分析，必须以其原始价值为基数，在这个基础上企业才能对固定资产折旧的各项数据进行科学的核算。这种将原始价值作为折旧基数的做法只能使固定资产在价值上得到补偿，而不一定使固定资产在实物上也完全得到补偿。由于资金时间价值的作用和物价水平变动以及通货膨胀的影响，再加上固定资产使用期限较长，故固定资产原始价值收回后，实际不能实现固定资产原来规模的更新。对企业而言，相当于部分资金转化为利润而虚耗了，企业生产经营规模也缩小了。

固定资产折旧应是以重置完全价值为基本依据进行核算的，这样做可以便于固定资产报废时收回的折旧加净残值，并保证这个数值刚好能够实现固定资产原来规模的更新，但是，我们也应该意识到这样一个问题，即固定资产完全价值重置并不是固定的，它经常会因为企业的经营政策和资金流动情况发生变化，在进行应用时应该注意这种情况的出现。

（二）固定资产预计净残值

固定资产预计净残值是指假定固定资产预计使用寿命已满并处于使用寿命终了时的预期状态，简单来说就是固定资产到达使用年限后剩余的价值量。在财务管理和核算那里，我们将固定资产净残值作为固定资产的不转移价值部分来对待，因此在核算过程中我们不会将其计入成本、费用中。一般来说，企业在进行固定资产折旧的核算过程中，大部分会事前进行预估，将这一部分价值从固定资产原值中扣除，到固定资产报废时直接回收。固定资产净残值占固定资产原值的比例一般在 3%～5%。

（三）固定资产减值准备

固定资产减值准备是指固定资产已计提的固定资产减值准备累计金额，是固定资产折旧核算和分析的一个重要因素。一般来说，企业在完成固定资产计提减值准备后，应当在剩余使用寿命内根据调整后的固定资产账面价值（固定资产账面余额扣减累计折旧和累计减值准备后的金额）和预计净残值重新计算折旧率和折旧额。

（四）固定资产使用寿命

固定资产使用寿命是固定资产折旧的一个重要影响因素，它对企业固定资产的折旧有着极为重要的影响。从以上来看，固定资产的使用寿命（在实际运用中经常称其为"固定资产的使用年限"），是指企业使用固定资产的预计期间，或者该固定资产所能生产产品或提供劳务的数量。固定资产使用寿命直接影响各期应提的折旧额，从而影响成本、利润以及企业的营运资金。固定资产使用寿命取决于它的物理性能、使用情况、使用条件、维护保养的好坏和科学技术的进步情况等。因此，企业在进行固定资产折旧核算时，应该首先确定固定资产使用寿命，并且在确定固定资产的使用年限过程中既要考虑由于固定资产的使用以及自然力的作用而带来的有形损耗，也要考虑科学技术进步等原因使固定资产价值贬低而产生的无形损耗。

二、固定资产的折旧计算方法

根据我国财经制度的规定企业固定资产的折旧方法一般采用平均年限法（即直线法）。交通运输工具也可采用工作量法。经财政部批准的部分设备，企业可以采用双倍余额递减法和年数总和法。

（一）平均年限法

平均年限法是固定资产在预计使用年限内，根据其原始价值和预计净残值平均分摊固定资产折旧总额的一种方法。采用这种方法计算的固定资产折旧额在各个使用年（月）份都是相等的，累计的折旧额在平面直角坐标系上表现为一条直线，因此这种方法也称为直线法。这种方法计算简单，被大部分旅游企业广泛采用。

（二）工作量法

工作量法就是按照固定资产在使用期间预计的工作量平均分摊固定资产折旧总额的方法。这种方法是根据企业经营活动或设备的运营情况，来计提折旧。工作量法包括以下两种：按行驶里程计算折旧、按工作小时计算折旧。

（三）双倍余额递减法

双倍余额递减法是在不考虑固定资产残值的情况下，以平均年限法折旧率的双倍为折旧率，再乘以固定资产在每一会计期间账面净值，计算每期固定资产折旧额的一种方法。

采用双倍余额递减法时需要注意，由于这种方法最终不能将应计折旧额分配尽，因此会计制度特作规定：在固定资产预计使用年限到期以前两年内，要将固定资产净值平均摊销完。也就是说这种方法不能单独使用，须同平均年限法结合使用。

（四）年数总和法

年数总和法是根据固定资产在预计使用年限内的折旧总额，乘以每期递减的折旧率，计算每期固定资产折旧额的方法。由于折旧率是一个变量，因此年数总和法又称为变率递减法。

同一项固定资产采用平均年限法、双倍余额递减法、年数总和法提取的年折旧额是不一样的。采用平均年限法计提折旧是一种匀速折旧法，即相同会计期间提取的折旧是一样的。而采用双倍余额递减法、年数总和法提取折旧是一种加速折旧法，即在固定资产的使用初期多提折旧，后期少提折旧。

三、加速折旧法的意义

（一）优化资源配比

固定资产使用的总成本包括折旧费用和大修理费用，由于大修理费用在使用初期较少，后期较多，而且固定资产的服务价值在使用初期较高，后期较低。因此提取折旧时开始提得多些，后期提得少些。这样成本费用比较均衡，更好地体现了会计准则的配比原则。

（二）降低无形损耗

在当前科学技术不断进步，劳动生产率不断提高的前提下，旅游企业固定资产的无形损耗愈发突出，因此早期多提一些折旧，可以及早防范企业因固定资产无形损耗而带来的损失。

（三）规避经营风险

固定资产通常投资数额大，投资收回时间长，因此采用加速折旧法提取折旧，可以在早期更多地投资，从而可以避免一定的投资风险。

（四）提高经营效益

采用加速折旧法，可以推迟企业应交所得税的时间，相当于政府给企业一笔无息贷款。因此企业利用政府给予的税收上的优惠，可以更好地开展本企业经营业务活动，提高企业经济效益。

由于经济等外部环境及企业内部自身管理要求、相关的税收政策等一系列因素的影响，企业究竟采用哪一种方法计提折旧，还要结合以上多方面因素予以考虑。另外企业采用哪种折旧方法或哪些设备可以采用加速折旧法，都是需要报经财政部门批准的。固定资产折旧方法和折旧年限一经确定不得随意变更。

四、固定资产折旧预算的编制

（一）确定固定资产的总值

固定资产的总值是指全部固定资产的原始价值。预算期末的固定资产总值可按以下公式进行确定：

预算期末固定资产总值＝预算期初固定资产总值＋

预算期增加固定资产总值－预算减少固定资产总值

公式中预算期初固定资产总值，是指预算期初固定资产原始价值。预算期增加固定资产总值是指预算期企业购建的各项固定资产、其他单位投资转入的及其他形式新增企业的固定资产。预算期减少固定资产总值，是指预算期企业设备报废、毁损、调出、减少的固定资产原始价值。

（二）确定应计折旧的固定资产总值

编制固定资产折旧预算，必须明确计提折旧的固定资产范围，以便正确核定应计折旧固定资产总值，计算企业预算年度折旧总额。

预计期末应计折旧固定资产总值＝预算期初应计折旧固定资产总额＋预计期增加应计折旧固定资产总额－预算期减少应计折旧固定资产总额

（三）确定应计折旧的固定资产平均总值

旅游企业应根据固定资产在预算年度内增加和减少的具体时间，计算其应计折旧固定资产平均总值，以反映企业预算期内应计折旧固定资产的平均占用水平。

（四）确定预算年度折旧提取总额

根据预算年度应计折旧固定资产平均总值及年度分类折旧率，就可以确定预算年度折旧提取总额。

第五章

建立效能型财务管理体制与会计管理模式

第一节 市场经济对我国企业财务会计管理的要求

一、市场经济对财务会计目标的要求

财务会计目标指的是财务会计所要达到的预期目的，这也是构成会计理论的基础。在经济环境下，要想制定好财务会计理论结构，就一定要确立准确的财务会计目标。财务会计目标为企业财务会计的发展指明了正确的道路和方向，它的实现需要会计各规范制度的大力支持。财务会计目标是灵活变动的，它的制定是根据我国的经济状况、财务会计学的发展和市场环境的变化而变化，一般在短期内不会发生太大的变动。在新的时代背景下，下对于我国的财务会计目标来说，一定要多引进国外一些比较先进的财务会计经验，并结合我国的实际情况，制定出适合自己发展的财务会计目标。但是这种目标的制定一定要切合实际，针对现阶段的财务会计目标，更应该立足于自身的国情，走适合自己发展的道路。

（一）财务会计目标的基本内涵及发展

1. 财务会计目标的基本内涵

财务会计目标是指财务会计所要达到的目的，这是一种抽象化的概念，它是财务会计理论构建的前提与基础，并为财务会计未来的发展指明了正确的方向。财务会计目标的制定要服务于整个会计行业，它是连接会计理论与会计实践的桥梁，会计行业只有确定了了目标，才会不断取得进步。在新的时代背景下，财务会计目标的确定尤为困难，因为目前的经济环境比较复杂，不确定性因素增多，财务会计目标也一直处于不断变化之中。财务会计目标的实现需要一个漫长的过程，它需要在会计理论思想的指导下，通过不断实践来完成，同时还要兼顾内外协调一致的原则，也就是说将财务会计内部的环境与财务市场外部的环境积极协调起来。财务会计目标主要包括两方面的内容，也就是财务会计所提供信息的对象和提供什么样的信息，前者所注重的是财务会计的目标，而后者侧重于财务会计信息的质量。一般情况下，以经济、实用、稳定这几个特点来衡量财务会计目标的优越性，经济性主要指的是目标的实施一定要以降低成本为目的，同时还要考虑财务会计目标实施的经济效益。财务会计目标的实用性指的是财务目标的制定和实施都要以满足财务会计的发展为目的，还要兼顾财务会计的实际情况，建立比较完整的财务会计体系。最后，财务会计目标的稳定性要求财务会计目标的实施具有稳定的特点，不会经常变动。

2. 财务会计目标的发展史

财务会计目标已经经历了相当长的发展时期。它的出现起源于12世纪的欧洲沿海商业城市，当时正是资本主义萌芽时期，这种财务会计的产生主要是为了满足商业城市交易的需要，并提供一定的市场行情信息。随着经济的不断进步与发展，财务会计市场需求比原来都大了很多，传统的财务会计已经远远不能胜任产业革命的需要，这时财务会计目标进入了第二个发展时期也就是产业革命时期。这个时期所形成的财务会计目标比传统的会计目标更为明确，并建立了独立的财务目标体系，在企业的经营状况和债务累计方面都相对完善，同时财务会计还可以将财务市场的最新消息及时传递给公司，以便公司制定准确的对策。随着经济的发展，我国经济出现了飞速的发展，金融市场也取得了巨大的进步，财务会计工作已经变得越来越重要，尤其是在证券市场的应用最为广泛。但是，我国的证券起步比较晚，属于舶来品，引入时间也比较晚，这给我国的财务会计带来极大的挑战，因为证券市场的风险比其他金融产品市场风险还要高很多，波动性比较大。在这个时期，我国的财务会计目标借鉴了国外比较先进的技术经验，形成了一个统一、明确的系统。我国所颁布的《企业会计准则》中也明确规定了财务会计目标的实施是基于企业长期发展的需要而建立的。

（二）财务会计目标所应该考虑的因素

1. 特定的会计环境

财务会计目标的实施需要一定的会计环境，它依赖于会计环境、同时还制约于会计环境，环境的变化势必会导致财务会计目标的变化，所以财务会计目标的制定需要充分考虑各种环境因素。特定的会计环境一般指的是一些跟会计产生、发展有着紧密联系的环境，同时还要结合企业内部和外部特定的经营状况。尤其是在现代的市场经济条件下，很多资本市场交易的完成往往不需要交易双方面对面完成，这就使得财务会计工作比以前更为棘手，它不再是单纯的统计财务报表那么简单，而是要综合考虑经营者的经营状况，并做出适当的投资决策。

2. 经济因素

经济因素是制约财务会计发展的关键因素。经济因素主要包括国家的经济发展状况和发展水平以及经济组织等方面。在社会主义经济体制下，我国的财务会计目标定位主要是满足社会主义市场经济的发展要求，同时在维护社会稳定和国家安全方面也具有重要的作用。经济因素是制约财务目标发展的最重要因素，因为只有通过复杂的经济活动才会促进财务会计的进步与发展，同时财务会计的发展又可以带动经济的发展。随着经济体制的发展，财务会计可以为企业经营者提供有效的决策，保证投资双方的合法权益和利益。

3. 财务会计的客观功能

财务会计的客观功能会对财务会计目标的实施产生了重要影响。财务会计本身的职能是将已经发生的企业经营活动完整记录下来，并加工成比较全面的财务信息，并将这种信息及时反馈给企业的高层管理部门，以便其制定出合理的经营决策。财务会计的监督管理功能主要是对财务会计活动的信息进行控制组合，以便企业的经营活动都能按照事先设计的计划进行。财务会计的客观功能是一种全面的、复杂的功能体系，它在会计信息系统中具有重要的地位，对于完善监督管理体制有很大的帮助。信息使用者只有正确理解与运用这些信息，才能达到财务会计的预期目标。

（三）财务会计目标构建的原则

财务会计目标的构建需要充分根据我国经济发展的环境，同时还要合理掌握会计市场的运行规律，在满足信息使用者的基本前提下，制定出合理的财务会计目标。同时还要根据财务会计目标的发展规律，考虑财务会计目标实施的可行性与可靠性，提高财务会计目标制定的整体质量，如果发现问题一定要及时处理，并制定出新的会计目标。

市场经济下的财务会计目标制定一定要权衡利弊，综合考虑各种市场因素，还要根据国家的宏观调控政策，保护投资双方的利益。经济时代在促进财务会计目标发展的同时，也带来了更为严峻的挑战，只有抓住这一机遇，迎接挑战，才会保证财务会计目标的顺利实施。

二、经济环境对财务会计人员的素质要求及措施

（一）对财务会计人员的要求

进入 21 世纪，我国正以更加广阔的视野、更加博大的胸襟和更加开放的姿态，大踏步地融入世界经济发展的大潮。在这个时期，人类社会已由工业经济时代向知识经济时代过渡，这种变化将给人们的生活方式、思维方式、工作方式及经济发展方式带来剧烈而深刻的变革。在这场变革中，财务人员只有及时地提高自身的素质，才能适应知识经济时代的要求。一名合格的财务会计人员应该具备以下素质要求。

1. 通晓专业理论

在知识经济时代，最大的挑战莫过于对人的能力的挑战，而人的能力又主要取决于人的知识及知识转化为能力的程度。要想成为知识经济时代的一名合格的财务会计人员必须有相关的知识做基础。

（1）熟悉会计基本理论

一名出色的财务会计人员必须具有一定的会计理论基础和娴熟的会计实务技能。会计基本理论主要是研究会计学的质的规定性，它由两部分构成：一是会计学和会计工作中一些基本概念，如资产、负债、所有者权益、收入、收益、费用、资金、营运资金、会计报表、合并报表等；二是会计工作质的规定性，如会计本质、会计属性、会计职能、会计对象、会计地位、会计任务等。这些是基本性的理论问题，构成整个会计理论体系的基石。财务会计工作者在实际工作中必须努力学习这些理论，力争熟悉这些理论，才能从较高的视角上把握工作的运行规律，提高财务分析能力，为领导决策提供有价值的建议。

（2）掌握会计应用理论

在熟悉会计基本理论的同时，一名出色的财务会计人员还应掌握会计应用理论。会计应用理论是研究会计工作量的规定性的理论，它主要研究会计工作的运行规则及完善问题，对会计实务有着直接的影响和指导作用，包括财务通则、财务制度、会计准则、会计制度。会计应用理论是会计基本理论的具体化，是联系会计基本理论与会计实践的桥梁和纽带。会计应用理论是与会计实务联系最密切、关系最直接、应用最强的理论，而且包含许多政策性规定。对此，财务人员必须达到准确掌握和运用的程度。

2. 擅长计算机操作

计算机是知识经济的核心和支撑点，互联网是知识经济的高速公路，它们是知识经济的重要工具和载体，目前已大面积地渗透于各个经济领域和管理部门。因此，要求每个财务会计人员不仅要具备会计专业知识，还必须熟练地掌握计算机在会计核算、资金预测等工作中的运用。计算机的使用和网络的发展使得数据的取得更加全面快捷，计算更为精确。会计工作既是一种生成信息、供应信息的工作，也是一种利用信息参与管理的工作。在知识经济时代，企业管理的信息化也对财务会计人员有了更高的要求。财务会计人员首先要在思想上树立创新精神，并利用一切先进的技术，掌握全方位的信息，不断完善自己的知识结构。使用财务软件是我国企业信息化的起步，企业要想规范内部流程和完善内部控制，只能从理顺企业财务入手。因此，高素质的财务人员必须具有丰富的学科交叉知识，既要精通财务又要懂得管理，还要熟悉高新技术在财会工作中的运用。

3. 运用外语交流

据有关权威机构统计，互联网信息中93％的信息以英文形式发布，常见的网页设计及程序也都以英文为基础。英语作为语言体系中的支撑语言在日新月异的网络时代，起着举足轻重的作用。在会计信息实行电算化管理的今天，一名合格的财务人员如果在英语方面有所欠缺，何谈能够娴熟掌握计算机操作知识，何谈对财务软件的常规使用和简单维护，何谈计算机在财务工作中的中枢工具作用？

4. 良好的职业道德

财务会计人员职业道德是指财务会计人员在会计事务中，需要正确处理的人与人之间经济关系的行为规范总和，即财务会计人员从事会计工作应遵循的道德标准。它体现了会计工作的特点和会计职业责任的要求，既是会计工作要遵守的行为规范和行为准则，也是衡量一个财务会计人员工作好坏的标准。财务会计人员职业道德修养主要应体现在以下四个方面。

（1）熟悉法规、依法办事。财经法规是财务会计人员职业道德规范的重要基础。财务工作涉及面广，为了处理各方的关系，要求财务会计人员做到"不唯上、不唯权、不唯情、不唯钱、只唯法。"

（2）实事求是、客观公正。这是一种工作态度，也是财务人员追求的一种境界。

（3）恪守信用、保守秘密。财务人员应当始终如一地使自己保持良好的信誉，不得有任何有损于职业信誉的行为，不参与或支持任何可能有负职业信誉的泄密活动。

（4）敬业爱岗、搞好服务。热爱自己的职业是做好一切工作的出发点。财务人员明确了这个出发点，才会勤奋、努力地钻研业务技术，使自己的知识和技能适应具体从事的财务工作的要求。

随着社会经济的发展以及财务会计从业人数的增加，企业财务会计人员的质量成为企业管理层关注的重点问题。财务管理工作作为企业生产经营过程中相对基础的工作，需要财务会计人员在与企业其他经济部门的合作下，对企业生产经营过程中发生的经济业务进行全面处理与分析工作，从而在确保企业财务管理不存在管理漏洞的基础之上，有效地对企业财务会计工作进行管理与发展。企业财务会计人员在工作中必须具备处理财务问题的基本能力以及专业能力，并且能够根据企业经济业务发展的需要，随时学习专业的知识理论。在专业知识以及相关财务会计法律与法规的指导下，财务人员才能顺利地进行企业财务管理的工作。

（二）提高财务会计人员素质的必要性

1. 企业资产安全管理的需要

在企业的运行和发展过程中，资金是企业生存的重要保证，是企业获得长远发展的基本前提。所以说，在财务管理的过程中，财务会计工作人员应该合理运用企业资金，降低企业资金的使用风险，保证企业的稳定健康发展。财务会计工作人员每天都要接触到大额的金钱，所以他们应该保持一种良好的心态，只有这样，才能够保证企业资金合理有序地运行。为了保证企业资金的安全和合理流动，提升财务会计工作人员的素质显得十分重要。

2. 信息社会发展的需要

随着科技的不断发展和计算机的日益普及，会计电算化逐步成为财务会计人员的新工具。网络财务由于充分地利用了因特网，使得企业财务管理、会计核算从事后达到实时，财务管理从静态走向动态，在本质上极大地提升了财务管理的质量。随着信息社会的发展，对财务工作人员的技能提出了越来越高的要求。大多数财务会计工作人员对信息化掌握的程度还不够，往往都是停留在简单的加减乘除的计算上。虽然相关部门对财务会计人员的计算机水平进行培训，但是成绩并不明显，财务会计人员与当前信息社会的差距还很大。所以，面对当前计算机信息技术的普及，进一步强化财务会计工作人员的素质势在必行。财务会计人员应该加强自身学习，熟练掌握计算机操作，同时要学会和自身岗位相符合的财务应用软件，以便能够更好地进行财务报表和财务分析，保证财务工作的有序进行。

3. 专业技术能力提高的要求

在财务会计人员的工作中，能力的不同对工作产生的效果也是不尽相同的。一般情况下，不同专业能力的财务会计人员有着不同的职业选择和判断，就会产生会计信息质量的差别。在财务工作过程中，业务范围的扩大和业务要求的提高，对财务会计人员的专业技术能力提出了更高的要求。为了保证财务工作的顺利开展，加强财务会计人员的专业技能并提升其综合素质已势在必行。

4. 应对当前财务犯罪的需要

随着当前经济体制的不断发展，利益主体出现了多元化的趋势，在当前财务会计工作的进行中，财务会计人员在财务工作中的地位非常重要，是财务会计工作的核心。因此，为了能够有效防止各种财务犯罪的产生，财务会计部门一定要从财务会计人员入手，进一步强化财务会计人员的综合素质，优化财务会计人员的价值观念，保证财务会计工作的顺利开展。所以说，提高财务会计人员的素质是当前财务部门的当务之急。

（三）提升财务会计人员素质的策略

1. 加强财务会计人员的思想教育，提高职业道德

财务人员在财务工作中的地位非常重要，是财务工作的核心。财务

会计人员在提升自身业务技能的同时，一定要不断强化自身的思想教育。财务相关部门要加强财务会计工作人员的纪律教育，不断提高财务会计人员的职业道德。首先，加强理论学习。财务相关部门要定期举行理论学习，认清社会发展的基本规律，掌握当前社会发展的主要形势，坚定不移地贯彻和落实党的基本方针政策，把党的基本政策和理论作为财务会计工作的行为准则。其次，大力提高财务会计人员的职业道德。在财务会计工作过程中，财务会计人员的职业道德是财务工作的具体体现。因此，要不断强化财会人员的职业道德，做到原则明确、积极监督、努力生产、加强预测，从而保证财务会计工作的顺利进行。最后，在财务会计工作中，不管是财务会计人员还是财务整体一定要按照相关的法律法规制作各种财务账单，进而能够更好地构建一个完善的制度来监督内部的财务，坚定立场，遵守法纪法规，依法履行自己的职责。

2. 强化财务会计人员的职业技能

随着科技的不断发展和计算机的日益普及，会计电算化越来越深入财务工作的每一个环节。在实际的财务工作中，计算机已经取代了以往的算盘和笔，财务会计工作逐步进入一个计算机操作的世界。首先，财务工作人员要加强计算机软件的学习。随着当前信息社会的发展，财务会计人员一定要熟练掌握各种财务软件的操作，以便能够更好地进行财务报表和财务分析，保证财务工作的有序进行。其次，加强对财务人员的技能培训。企业、事业单位等相关部门要把对财务人员的培训工作放到一个重要的位置，定期举办各种培训，让财务人员不断掌握新的技术和能力、能够更好地应对当前社会的发展，能够保证财务工作的准确，进而能够更好地保证财务工作的顺利稳定运行。最后，鼓励财务人员参加职称资格考试。为了适应时代的发展，相关部门要鼓励财务人员进行各种职称资格考试，制订各种学习计划，大力支持财务会计人员通过财会专业函授学习或会计教育自学考试学习，不断提高自身的能力和水平，积极参加各种会计资格考试、会计师资格认定考试。同时，相关部门要对取得优秀成绩的工作人员给予物质和精神上的奖励，从而保证整个财务会计人员素质的提高。

3. 加强财务会计人员的法治观念

面对当前财务会计人员犯罪问题的严重性，加强财务会计工作人员的法治观念势在必行。首先，要做到懂法。财务会计人员要加强对法律法规的学习，尤其是要熟悉涉及财务会计类的法律法规，做到知法、懂法。其次，要做到依法办事。在财务会计工作中，财务会计人员每天会接触到很多的金钱，如果财务会计人员不懂法律，往往会出现一些问题。所以，财务会计人员应该遵守法律法规，在法律法规的允许下进行财务会计工作，时刻保持自身的法治性，从而保证财务会计信息的完整性、合法性和准确性，保证财务会计工作的顺利开展。最后，要学会利用法律武器抵制各种违法犯罪行为。在工作中，财务会计人员要时刻做到廉洁奉公、以身作则，保持自身的纯洁性；同时，要拿起法律武器，勇于同不良行为做坚决的斗争，做到不合法的事情不办，有效维护国家的财产利益。

4. 构建良好的财务会计工作环境

在财务工作的过程中，建立良好的财务会计工作环境具有十分重要的意义。在企业管理中，财务管理的中心地位要求财务管理起到纲举目张的作用，通过主抓财务管理带动企业各项管理工作的提高。首先，加强单位领导及有关人员共同参与。要想在一定程度上提高财务会计人员的整体素质，单靠财务会计人员自身是不行的，一定要不断加强单位领导和员工的共同参与，形成一个良好的工作环境，这样才能保证财务会计人员素质的有效提升。其次，加强领导对财务会计部门的重视。在企事业的发展过程中，企业领导要重视财务会计部门，重视财务会计人员，把财务会计工作放到一个非常重要的地位，要认识到企业管理应以财务会计管理为中心，保证财务会计工作的顺利开展。最后，各级领导要关心财务会计人员，切实保障财务会计人员的合法权益。

随着经济的快速发展，财务会计管理在企业管理中的地位越来越重要，对企业的长远发展有着不可替代的作用。加强财务会计管理，不断提高财务会计人员素质具有十分重要的时代意义。提高财务会计人员的综合素质一方面是财务会计管理的重要内容，另一方面又是提高企业经营管理工作的关键所在。因此，在财务会计工作过程中，财务会计人员要不断加强自身能力水平的提高，不断优化和完善自身的业务素质。只有提高了财务会计人员素质，企业财务会计管理才能适应当前市场经济和改革开放的要求，企业的经营管理才能上一个新台阶，从而企业才能在市场经济中处于不败之地，进而更好、更快地发展。

第二节 我国企业会计模式的转变

现代企业制度是一种政企分开、科学管理的企业制度，它是经济发展的必然产物，是经济的开放性要求企业面向国内外市场法人实体和市场竞争主体的一种机制，它对企业的财务会计模式提出更高的要求。而一种会计模式会受制于其所处的社会经济环境，随着信息技术革命的推动，网络经济时代和新知识经济时代的到来，企业在产业结构和经济增长方式等方面发生着巨大变化，而传统的会计模式已难以适应企业的发展需要，以信息技术为核心和人力资本为管理中心的现代企业管理制度必然导致企业财务会计模式的转变。

一、现代企业制度下的企业会计模式

（一）企业会计模式的构成

1. 会计机构设置

会计机构，顾名思义就是维持会计工作有序并有组织地进行的一项组织机构。会计机构在整个经济领域中起着调节经济发展以及维持一个较为稳定的工作环境的作用。企业通过设置一定的会计机构，可有力地协调各部门之间的工作，使会计的各个部门处在一个平衡稳定的工作环境，以此不断地改进会计工作以及提高会计的信息质量。此外，会计机构在发挥自身作用时，应具备三个特征。第一，目标一致。会计机构应遵循国家制定的有关法律法规，并有效地结合企业的主要目标，进而完成相应的会计工作。第二，加大各部门之间的协调力度。会计机构在工作的过程中，一定要注重各部门之间的协调力度，进而提升整体的工作效率。第三，明确各个部门的职责。要想保证会计机构各部门之间的有力协调，就必须明确各部门之间的职责，使各个部门各司其职，互相协调，进而提高会计工作的效率。

2. 内部控制制度

内部控制制度是企业会计模式中的主要构成部分。企业通过设置一定的内部控制制度，可有效地保障会计信息的可靠性以及有效性。所谓的内部会计制度就是企业内部的一种制度，即企业内部中各部门之间以及相关人员之间在处理经济业务的过程中所要遵循的一种经济制度。设置内部控制制度可有效地协调各部门之间的工作以及不断地规范各部门的工作流程。为了发挥内部控制制度在会计机构中的作用，需要引入一定的会计方法和程序。随着会计行业的快速发展，现代的会计内部控制方法与程序也是多种多样的，其中主要包括内部审计控制、授权标准控制等。企业对会计方法以及程序进行规范，可有效地推动内部控制制度在会计部门的有效实施。

3. 会计人员管理

会计人员管理是企业会计构成模式中主要的一部分。而企业的会计工作主要是由会计人员完成的。因此，企业只有加强对会计人员的管理并不断提高会计人员工作的积极性，才能在一定程度上提高企业会计的工作效率。对于会计人员的管理主要是从对会计人员的专业知识水平的不断提高以及职业道德素养的不断提升两个方面进行培养。作为一名会计人员，首先应具备较强的专业知识。衡量一个较为专业的会计人员不应单从专业成绩方面进行评价，还应注重会计人员的专业素养。此外，对于会计人员的管理，不仅要进行专业方面的培训，还应进行后续教育，以此来加深会计人员对于获取会计知识的重要性以及提升自己综合素质的重要性的认识。一名合格的会计人员不仅应具备较强的专业知识，还应具有较高的职业道德水平。这就需要相关部门重点监督会计人员的职业道德素养。加强监督会计人员的道德素养，可增强会计工作的稳定性以及透明性。

此外，良好的道德规范不是与生俱来的，这就需要会计人员具有一定的学习积极性，在工作中不断规范自己的工作行为，以此来不断提高会计工作的效率。在会计工作中，还可采取奖惩措施来提高会计人员的积极性，不断规范会计人员的工作行为，进而不断地提升财会人员的专业素养。

（二）现代企业制度下财务会计模式的创新

1. 建立多元化的现代企业财务会计目标模式

财务会计目标是一个企业有效发展的基础，因此应建立多元化的现代企业财务会计目标模式。财务会计目标的建立不仅需要企业拥有一个稳定的经济环境，还在一定程度上取决于企业的社会影响力以及企业自身的发展能力。在内外环境的综合影响下，应建立三个财务会计目标。第一，会计工作要有合理的资金运动。一个企业要想良好、持续有效地发展，就需要依靠一定合理的资金运动，通过资金不断地进行运转，才能有效地保障企业处在一个稳定的经济环境中，进而为企业赚取一定的利润。此外，在资金运转的过程中，资金运转的速度与方向应与企业的实际发展状况相适应。第二，为国家的有关政策提供有效的会计信息。企业的运营情况也在一定程度上决定着国家经济的运营走向。因此，企业应如实地向国家提供真实可靠的会计信息。第三，不断地平衡有关债权人的利益。合理有效的财务会计模式可有效地平衡投资者与债权人之间的利益，使他们处于一个相对稳定以及平衡的经济环境中。

2. 建立现代化企业会计工作模式

随着经济水平的不断提高，建立现代化企业财务会计工作模式已是当前企业发展的必由之路。传统的报账以及算账的会计工作形式已无法满足现代企业发展的需要，这就需要企业财务人员应不断地创新会计的工作模式。就现代企业的发展而言，其存在的财务会计工作模式主要有三种，即分散型管理模式、交叉型管理模式及统一型管理模式。三种管理模式相辅相成，不断地创新新型的财务会计工作模式。此外，现代的企业财务管理应做到内部管理与外部管理的有效结合，这样才能不断地提高企业的工作效率。

3．加大会计工作的监督检查力度

企业要想得到长久的发展，不仅应建立良好的管理机制，还需要在一定程度上加大对于财务工作的监督力度。为了加大财务会计工作的检查力度，会计部门应在年末对企业的盈利状况进行有效的盘点，进而及时地反映企业的盈亏情况。因此，为了促进企业长期良性地发展，应加强培养会计人员的责任感以及加大对于会计人员的监管力度。此外，有关人员还应注重对年末账单的核对，避免出现漏单、错单的情况。还应大力培养会计人员的实际操作能力，减少会计人员统计数据的错误率，从而减少对企业的损失。

4．加强对会计人员的培训与教育

加强对财务会计人员的培训与教育对于提高会计人员的责任感以及降低会计人员操作过程中出现的失误率是至关重要的。现代的会计工作是一项复杂、系统的工作，传统的工作模式已无法满足现代企业的工作。因此，应加强对于会计人员的培训及教育，不断提升会计人员的专业素养以及不断普及现有的会计技术。随着财会行业的不断发展，财会专业的技术也变得越来越复杂，而专业性较强的人却越来越少。因此，应在遵守企业内部控制原则的基础上，积极地聘用合理的会计人员，并加强对这些会计人员进行有效的培训与教育，使他们拥有专业性较强的会计技术，从而为企业的长期发展建立一支专业性较强、技术性过硬的会计队伍。

5．实现管理制度、信息系统和监督体系三者之间的协调统一

实现管理制度、信息系统和监督体系三者之间的协调统一可有效地

保证企业长期稳定快速地发展。其中，管理制度的建立为会计目标的确立以及会计模式的发展建立了一种稳定的经济环境。而信息系统的建立为会计目标的实施提供了一定的信息保障，在一定程度上确保了信息的准确性与科学性，进而可将真实的会计信息有效地反馈给国家，并帮助国家进行合理的财政调控。监督体系是运行会计模式的有效保障，对会计目标以及会计模式的监督，不仅可以保障会计信息的准确性，而且还能监督会计人员的工作能力，进而在一定程度上提高企业的工作效率。因此，将管理制度、信息系统和监督体系三者之间进行有效的结合，对于促进企业稳定的发展具有至关重要的意义。

随着企业之间竞争力的逐渐加深，不断地分析与研究现代企业制度下的企业会计模式对于企业长期稳定的发展是至关重要的。应先认识与了解企业会计模式的构成，进而从建立多元化的现代企业财务会计目标模式，建立现代化企业财务会计工作模式，加强财务会计工作的监督检查力度以及实现管理制度、信息系统和监督体系三者之间的协调统一这几个方面来进行现代企业制度下的财务会计模式的转变，不断地规范现代企业制度下的财务会计模式，从而不断地提高企业的工作效率以及经济效益。

二、企业会计人员管理体制的改进

《会计法》规定会计的基本职能为核算和监督。传统会计核算与监督主要是事后，现行会计的核算与监督职能已经拓展到事中与事前。为使企业会计人员真正执行会计的核算和监督职能，提出将会计工作统一管理等建议。

（一）企业会计人员管理体制发展改革的指导原则

改革是希望通过有效地监督，实现会计信息的真实性和有效性，从而提高企业的经济和社会效益。因此，要遵循下面几条原则。

第一，体制改革必须对企业会计人员的身份做出明确的规定，明确规定会计人员具体具备何种职能权利，只有做出明确的规定，才能够为其创造良好的条件。这有利于会计人员更好地发挥其职能，起到更好的监督作用。

第二，体制改革是为了更好地适应现代企业管理，更好地服务于当代经济的需要。因此，新的体制必须满足现代企业对会计监督管理等方面的需求，从而调动会计人员为单位提高经济效益而努力的积极性。

第三，在新的管理体制下，体制改革要能够充分发挥国家和社会对企业会计工作的监督和管理。

第四，体制改革最终是为了经济得到更好的发展，实现企业经济利益的最大化。所以，体制改革必须牢牢抓住这一点，在满足需求的前提下，应尽可能地降低企业会计人员管理体制的成本，保证该管理体制能够为企业带来经济利益的最大化。

（二）企业会计人员管理体制发展改革的设想

会计信息作为企业内外利益的相关者进行决策的主要依据，其真实性至关重要。通过对当今管理体制和现状进行分析，可以发现，造成会计信息不真实的关键在于会计人员的地位并没有得到真正独立，所以改革必须实现会计人员的独立地位，从而保证会计信息的真实性。下面从七个方面进行体制改革的设想。

1. 真正意义上实现会计人员的独立化

在目前企业会计人员的管理体制中，会计人员附属于企业，受企业负责人的领导，行使职能非常被动。要想真正实现会计人员的独立化，企业可以将原来企业内部执行核算、记录、财务报告的会计人员分离出来，成立专门的营业性财务会计服务公司。这样，会计人员不再受原来企业负责人的管制，成为独立活动的主体，是独立于利益相关单位的第三者，专门为利益双方收集资料，提供真实、可靠、客观、公正的财务会计信息。财务会计服务公司由专门的运行机制对其进行约束，作为独立的中介服务机构，进行自主管理、自我经营、自负盈亏，并进行依法纳税，是具有法律人格的法人实体。在整个流程中，企业委托会计服务公司进行会计服务。会计服务公司首先对企业提供的会计资料进行真伪性的审核，然后进行核算整理，最后将信息提供给利益相关的各方，这样就保证了会计信息的真实性。

2. 实现会计人员的企业化

在企业会计人员管理体制改革方向中，改变如今会计人员受企业和政府双重管理的现状，相应地可以在企业内部只设置管理会计。具体来说，在新体制下，管理会计只是企业内部的一个机构，该机构不直接受企业的管理，会计通过对企业的经营管理活动进行预测、监控等，为企业决策提供有力依据，为受托代理人提供真实有效的会计信息。会计工作的动力是其利益与企业的经济效益进行挂钩。

3. 被服务企业支付会计服务费

会计人员独立出来成立专门的财务会计服务公司，作为利益相关方的第三者，通过审查企业财务资料的真实性后，向被服务企业提供财务会计信息。在这个过程中，被服务企业承担会计服务费。同样，其在众多财务会计服务公司中，通过市场竞争，践行优胜劣汰生存法则。其服务的可靠性、信息的真实性、资料的代表性和时效性等是其进行竞争的主要对象，并由专门的机构负责监督。所以，财务会计服务公司，要想取得好的发展，必须不断地在实践、学习中完善自己，提高自己。

4. 委托人的规定

财务会计服务公司要真正实现独立，必须置身于所有利益相关者之外。使所有利益相关者都可能成为委托人，为避免委托权混乱的局面，必须明确委托人。外部利益相关者不可以成为委托人，只有国家以及内部利益相关者可以成为委托人，如股东大会、董事会、经营者、监事会和内部职能部门及职工。其中，监事会是由股东、董事、职工按一定的比例组成，综合分析，由监事会作为委托人是最佳选择。

5. 财务会计服务公司监督机制

为了确保会计信息的真实性，必须设置专门的财务会计服务公司监督机构或部门，对其实施监督。这个监督可以是国家监督，也可以受制于注册会计师协会及下属职能部门的监督，还可以是利益相关方的监督。

6. 财务会计服务公司和被服务方法律责任归属问题

财务会计服务公司和被服务方之间是以真实可靠的财务会计信息为主要内容，会计公司负责向被服务方提供真实反映企业经营状况的财务信息。因此，资料必须保证其真实合法性，否则企业利益相关者有权就该问题对服务公司提起诉讼。

7. 财务会计服务公司的派驻人员与被服务对象内部职能部门的权利和义务

派驻人员作为沟通桥梁，代表会计服务公司进驻企业收集真实的资料，并进行合理的财务核算。在此期间，职能部门负责提供有效资料，派驻人员有权利对资料等进行监督审核。同时，作为服务性的工作，派驻人员有义务就其资料信息、核算方法等对被服务对象进行说明。

由于经济的发展，我国经济活动由国内逐渐扩展到国外。所以，进行会计管理体制改革就显得尤为必要。要想真正改变会计信息的现状，就必须使会计人员真正从企业中独立出来，成为一个独立的个体，置于利益相关方之外，成为独立的第三者，受专门委托人的委托进行财务会计活动，并接受多方面的监督，以真正实现会计信息的真实性，更好地为经济的发展做贡献。

第三节　我国企业财务会计管理体制的创新模式

会计管理制度的创新是一个庞大的项目，必定要走从人治到法治的道路。以企业会计（主要是国有大中型企业会计）的管理方式和制度为中心创新财务会计管理制度，至今，总共有三种创新的财务会计管理方式，分别是会计委任制、财务总监制和稽查特派员制。

一、会计委任制

会计委任制是国家凭借所有者身份，依靠管理职能，统一委任会计人员到国有大中型企业（含事业单位）的一种会计管理制度。在此管理制度下，各级政府应为会计管理建立专门机构，负责向国有大中型企业（含事业单位）委任、审查、派遣、任免和管理会计人员。会计人员脱离企业，成为政府管理企业的专职人员，代表政府全面、持续、系统、完备地反映企业运转情况，并以此实现直接监察的目的。

（一）企业会计委派制的特点

1. 专业性

从委派人员的任职资格和工作职责来看，只有具备相应专业技能的人员，才能胜任委派的工作，进一步改进被委派单位现有的会计和财务管理体系，提高工作效率，规范会计基础工作。

2. 权衡性

由于受委派人员代表委派部门监督被委派单位的会计行为和经济活动，并在业务上受被委派单位领导直管。这种身份的特殊性导致被委派人员在面临监管者与经营者的立场无法取得一致时，需就事项的矛盾性做出一个公正的权衡性选择。委派人员既要保证做出的决定能真实、恰当地反映出企业当前的财务状况和经营成果，又能通过对会计确认、计量和揭示方法的选择与运用，有效地维护和提高企业自身的经济效益。可以说，委派人员在行使其职权的过程中始终处在一个比较和权衡的过程中。

3. 制约性

委派权的行使，受多方面因素的制约。如委派人员后期管理跟进不足或派驻单位支持不够，公司内部控制的设计和运行的有效性存在缺陷，均会制约委派人员职权的行使。

（二）企业会计委派应遵循的原则

从实施会计委派制的目的来看，会计委派制必须遵循一定的原则。

1. 独立原则

从财务部门承担的工作职责来看，委派人员只有不盲目依从企业领导者的意见，从专业性的角度坚持应有的职业判断，正确决策，才能保持财务工作的独立性。

2. 协作原则

无论是目前公司并购后的财务整合，还是企业内部控制建设的层层推进，财务作为其中的一个模块，其各项工作的开展，均需要得到公司内部各职能部门的支持与配合。财务工作的独立性体现为运用正确的计量方式，反映每一笔经济事项的真实性，其监督职能也只是为了更好地规范各种不合规的经济行为，并不表现为一种制约其他部门的权力。因此，各职能部门只有相互协作，相互配合，才能使委派人员在一个和谐的工作氛围中有效地行使监管职能。

3. 沟通原则

如何保持企业并购后财务信息的有效传递，如何提升企业预算编制的整体水平，这都要求企业领导者赋予会计委派者一个新的工作职责，就是建立沟通制度。也就是说，作为监管者，只有充分了解被派驻单位的具体情况，与分管营销、产品设计、生产部门等的人员充分沟通，才能编制出对公司的生产经营具有指导意义的公司预算，使公司的成本管控落到实处，公司的财务分析报告为公司经营者的决策提供数据上的参考依据。

（三）企业会计委派制得以有效实施的方法和途径

1. 树立服务意识，提高委派人员的综合素质

随着专业化程度的分工越来越细，各行各业对人才的需求也越来越具体，从单位人事部门制定的岗位说明书来看，不仅有明确的年龄要求，还有对招聘人员整体素质的要求。委派会计人员作为会计队伍中较为优秀的财务人员，不仅要精通具体的会计业务，懂得会计法规，还要具备相应的管理才能，能够指导被派驻单位制订切实可行的经营计划，协助经营者在投融资决策等重大的经济事项中做出正确的选择。委派人员只有做好必要的服务工作，与企业高层领导和其他管理者交换信息，建立有意义的关系，才能在日常工作的开展中得到尊重与认可，真正起到监督的作用。

2．明确单位负责人的会计责任主体地位，保障会计监督能够有效实施

只有明确了单位负责人在经济事项中应该承担的责任，将报酬与业绩紧密结合，会计委派制的初衷也就会在领导的自觉行为中得到有效实施。

3．会计委派人员应当有明确的价值取向

会计委派人员为了保持其自身的价值，必须做到的内容包括：要建立持续教育和终身学习的信念；要保持自身的竞争力，能够熟练并有效率地完成工作；应恪守职业道德，坚持会计职业的客观性。

4．积极推行信息技术环境下会计信息系统的运用

由于信息技术的应用彻底改变了传统会计工作者的处理工具和手段，将会计人员的工作重心通过自动化的方式从大量的核算中解脱出来。因此，会计人员不再仅仅是客观地反映会计信息，而是要承担企业内部管理员的职责，开启一种从事中记账、算账，事后报账转向事先预测、规划，事中控制、监督，事后分析及决策的全新管理模式。会计委派人员应将注意力更多地集中到分析工作中，而不只是提供会计和财务数据。其作用更多地体现在通过财务控制分析，参与企业综合管理和提供专业决策，从而使会计信息实现增值并创造更高的效能，真正达到监督和管理的目的。

为了促使企业会计委派制得到有效实施，除了从社会环境即法的角度加以保障外，人的层面也应相应得到落实，也就是说一方面在于委派人员自身所具备的职业素养能够在各种环境下胜任委派工作；另一方面在于被监管企业的领导恪尽职守，知法守法，在实现企业价值最大化的过程中，用开放的心态接受委派人员，且用人不疑。

二、财务总监制

财务总监制是国家按照所有者身份，因对国有企业有绝对控股或者有极高的控制地位，对国有大中型企业直接派出财务总监的一种会计管

理体制。执行此制度时，国有资产经营公司或国有资产管理局调遣的财务总监有权依照法律对国有企业的财务状况开展专业的财务监督。

（一）财务总监制的合法性

目前我国现有的相关法律法规并未涉及财务总监，从有关的法律法规分析来看，财务总监不同于一般的会计机构负责人和会计主管人员，而是属于公司决策层人物，需由董事会任免；母公司向子公司委派财务总监没有违反相关法律规定。

1. 财务总监不同于会计机构负责人和会计主管人员

会计机构负责人和会计主管人员（现实中如会计主管或财务部门经理等）是财务会计职能部门的领导者，他们主要负责企业日常的具体财务会计核算活动（这些活动贯穿于确认、记录、计量和报告的四个环节当中），属于企业的中层管理者。而财务总监则不一样，他们应该是企业的高层人员，进入决策层，主要站在企业全局角度进行战略管理和价值管理。尤其是在国外，财务总监同首席执行官一道为股东服务，广泛地活动于战略规划、业绩管理、重大并购、公司架构、团队建设以及对外交流等领域，而不再从事日常会计财务工作和具体的基本核算。

2. 财务总监相当于总会计师

总会计师是单位行政领导成员，协助单位主要行政领导人工作，直接对单位主要行政领导人负责。会计人员的任用、晋升、调动、奖惩，应当事先征求总会计师的意见。财会机构负责人或者会计主管人员的人选，应当由总会计师进行业务考核，依照有关规定审批。由此可见，总会计师是主管本单位财务会计工作的行政领导，而不是会计机构的负责人或会计主管人员，全面负责财务会计管理和经济核算，参与单位的重大决策和经营活动，是单位主要行政领导人的参谋和助手。如果不考虑企业的所有权性质，一般企业中的财务总监的地位、作用和职责很大程度上类似于国有企业中的总会计师。

3. 财务总监由公司董事会任免

根据相关文件规定，财务负责人和副经理相提并论，其地位可见一斑，所指绝非一般的会计机构的负责人和会计主管（虽然有时在岗位设置上财务负责人可以兼任会计机构负责人或会计主管），而更倾向于财务总监这一角色。由于母公司对子公司的绝对控制，经由子公司股东大会投票选举出的子公司董事会实际上是由控股股东母公司决定产生的，而子公司董事会若要任免财务总监，肯定要遵从母公司的意见。而母公司直接向子公司委派财务总监，只不过是省略了"经由董事会通过"这一环节，最终结果还是一样的。

（二）财务总监制的合理性

1. 理论分析上合理

根据委托代理理论，企业内的母公司作为子公司的控股股东，其和子公司的管理层之间属于委托代理关系。委托人——母公司将资源分配给代理人——子公司，并由其掌控支配；子公司在一定时期内负责资源的保值增值，并向公司汇报其使用资源的情况。但是，母子公司之间常存在信息不对称、风险不对称和利益目标函数不相同的现象，因此，母公司通常会派出财务总监对子公司的财务工作进行监督和控制，以维护整体的利益。财务总监委派制度的内在机理正是反映了委托代理理论的要求，并且这种委托代理理论关系实际上划分了两层：一层存在于母子公司之间；另一层存在于母公司与委派的财务总监之间。同时，这也是对企业法人治理结构的一种完善，符合现阶段客观经济环境的要求。

2. 实际操作上合理

母公司对子公司的控制力主要体现在对其财务的控制。母公司实现这一目标的途径就是向子公司委派财务总监，进入该公司的决策层，对子公司的财务决策做到事前监督、事中控制和事后反馈，并及时向母公司汇报情况。对母公司而言，只需派出一个能胜任的职员，就可加强对子公司的控制和监督，减少代理风险，避免给企业带来巨大损害。可谓是"一夫当关，万夫莫开"。当然，这个具备胜任能力的合格人选既可以从内部推荐选拔产生，也可以通过市场公开招聘录用产生，在实际操作上完全行得通。并且，财务总监制所耗费的成本费用，相对于其所带来的经济效益是微不足道的,符合成本效益原则。

(三)财务总监制的条件

1. 被委派者的胜任能力和道德品质

被委派者的胜任能力和道德品质主要包括专业胜任能力(如精通财务会计、税务和法律等方面知识,具备丰富的财务会计从业经验等)、管理胜任能力(如统筹规划、沟通协调、团结激励等)和职业胜任品德(如独立公正、恪守诚信等)。被委派者只有具备了这些能力和品德,才能担当重任,监督和控制子公司的财务行为,让母公司放心。

2. 职责权限和约束机制

基于两层次代理理论,被委派的财务总监应当向母公司汇报子公司管理层的财务状况和经营成果,但不能任命子公司的最高管理层。同样,子公司也担负着向母公司汇报财务状况和经营成果的责任。在这种情况下,财务总监行使职能时不能对子公司过多干预,影响子公司的正常经营活动。子公司可以通过设立相关机构(如审计委员会)来监督和约束被委派财务总监的权力,使得子公司和被委派财务总监之间形成相互的监督与被监督的权力制衡机制。如果二者产生分歧和矛盾,最终裁定权应该在母公司手里,由母公司从整体利益的角度来做出适当的决策。

3. 薪酬管理体制

目前,我国企业对外委派的财务总监的薪酬大多由被派入企业——子公司自行决定,或者由派出者——母公司发放基本工资,奖金与津贴由子公司发放。这种薪酬体制使得被委派的财务总监与子公司存在很强的利益相关性。根据委托代理理论,被委派的财务总监的主要职责就是代表母公司对下属控股公司进行经济监督和控制,其所服务的对象是委托人——母公司,而非受托人——子公司,理应由母公司根据考核的绩效对被委派的财务总监支付薪酬。因此,被委派的财务总监的薪酬体系只有让母公司统一管理,才能从体制上彻底解决被委派的财务总监和子公司的利益相关的问题,实现真正的独立。这样做,对于企业整体来说，成本略高一点，但风险概率大大降低了，相当于是为未来可能产生的风险损失购买一份保险。

4. 岗位定期轮换

尽管实行薪酬管理体制，仍不可完全避免被委派的财务总监与子公司管理层之间的合谋。因此，有必要对被委派的财务总监实行岗位定期轮换，这样可以在很大程度上杜绝合谋事件的发生。多久轮换一次，则要视情况而定。

5. 对子公司和被委派财务总监的审计监督

在财务总监被委派到子公司的任期里，根据双重委托代理关系，母公司不但应对子公司的财务经营活动状况进行内部审计，而且应该对被委派的财务总监进行离任审计，以便客观、公正地评价财务总监的工作情况。

三、稽查特派员制

（一）稽查特派员制的内涵

稽察特派员制又称为"总会计师制度下的稽查特派员制"，是一种新型监督制度，即由政府向大中型国有重点企业派出稽察特派员，检查企业的财务状况和经营成果，评价企业和企业管理者的经营业绩，并对企业领导干部的奖惩任免提出建议。其中，稽察特派员是代表国家对国有重点大型企业行使监督权的人员。

稽查特派员制度的产生是为政企分开，强化政府对企业所有者管理职能．建立企业激励约束机制服务的。稽查特派员不同于国有资产授权经营的股东代表，它不干预企业的经营管理活动，其监管行为是在《条例》法律许可的范围内进行，着力对企业生产经营全过程进行监控，对经营状况实施全方位的财务监督和审查，客观、真实地对企业主要经营者执行党的方针政策、国家法律法规情况和经营业绩作出评价，由国务院据此通过人事部对企业主要经营者进行奖惩，以形成有效的国有资产所有者对企业的激励和约束。为确保稽查特派员监管的公正性，防止稽查特派员与企业的利益发生连带关系，《条例》规定，稽查特派员办事处成员不得在企业兼职，不得接受企业的任何报酬福利待遇，不得在被稽查企业报销费用等。同时，稽查特派员不得泄露被稽查企业的商业秘密。

国务院向国有重点大型企业派出稽察特派员，是国家对国有企业财务监管、对企业领导人员管理制度的重大改革。稽查特派员制度把对领导人奖惩任免的人事管理与财务监督结合起来，迫使企业领导人从其切身利益出发，关注企业的财务状况和经营成果，真正体现业绩考核的基本要求。

稽查特派员制不仅有效督促国有企业中总会计师组织的形成和权力的合理应用，而且稽查特派员是由国务院派出的，他们不对企业经营活动进行干涉，其职责是代表国家对企业实施财务监督，将监督后的财务状况进行分析，对企业管理方式和经营业绩作出评价。

（二）稽查特派员制的基本特征

第一，稽查特派员与所查企业完全独立，这样一方面实现了国家对企业的监督，另一方面又不干扰、束缚企业自主权的充分发挥，真正做到政企分开，意味着国家对企业监管形式发生根本性的转变。同时，为保证稽查的客观公正，对特派员实行定期岗位轮换制度。

第二，稽查特派员的主要职责是对企业经营状况实施监管，抓住了企业监督的关键。

第三，稽查与考察企业领导人的经营业绩结合起来，管住了企业的领导，也就管好了企业的会计，做到了从对企业会计人员的直接管理向间接管理转变。

第四，国家从国有重点大型企业所获得的财税收益，同实行稽查特派员制度的开支相比，符合成本效益原则。

（三）稽查特派员制的必要性

稽查特派员制的一个重要突破是把对领导人奖惩任免的人事管理与财务监督结合起来，迫使企业领导人从其切身利益出发，关注企业的财务状况和经营成果，真正体现业绩考核的基本要求。建立稽查特派员制是一项长远的制度安排，是转变政府职能，改革国有企业管理监督制度和人事管理制度的重大举措，也是实现政企分开的举措。因为稽查特派员只是拥有检查权、评价权以及向国务院及其有关部门的建议权，并不拥有任何资源，也不履行任何审批职能，不至于导致新的政企不分。恰恰相反，稽查特派员制度是政企分开后体现所有者权益的必备措施，即实行政企分开，放手让国有企业自主经营的同时，强化政府对企业的监督。

第六章

财务会计管理实践创新

第一节　网络时代财会工作的创新

一、网络时代财会工作的新动向

（一）网络会计产生的历史背景

1. 网络会计是网络经济发展的必然产物

网络不仅仅是信息传播的载体，同时也为企业的生产经营活动提供了新的场所，它改变了传统的管理模式和交易方式。首先，网络为生产经营提供了新的场所。在网络经济环境下，企业可通过网络不断拓宽自己的生产经营场所，了解最大范围内的客户需求，从最大范围内中挑选出最佳供应商，通过在客户、企业和供应商之间传递的信息流，减少中间环节，从而以最快的速度、最低的成本进入市场，不断提高和巩固企业在竞争中的地位。其次，网络经济的兴起，还促使没有经营场地、没有物理实体、没有确切办公地点的虚拟企业的出现。虚拟企业使传统企业模式发生了根本性的变化，同时也深刻地改变了传统的交易方式。

2. 网络会计也是财务会计发展的必然产物

互联网的出现使社会的经济信息系统发生了重大变革。首先，会计数据的载体由纸张变为磁介质和光电介质载体。这种置换使得数据的记录、存储、传递由"机械形式"转变为"电磁形式"，从而为会计数据的分类、重组、再分类、再重组提供了无限的自由空间。其次，会计数据处理工具由算盘、草稿纸变为高速运算的计算机，并且可以通过网络进行远程计算。在算盘和草稿纸时代，会计人员的精力主要用在会计数据的分类、分配、汇总等简单劳动上。互联网的出现带来了根本性的变化，数据处理、加工速度成千上万倍提高，不同人员、不同部门之间数据处理、加工和相互合作以及信息共享不再受到空间范围的局限。这种改变使得会计人员从传统的日常业务中解脱出来，进行财务会计信息的深加工，将主要精力投入财会信息的分析上，为企业经营管理决策提供高效率和高质量的信息支持。最后，会计信息输入输出模式由"慢速、单向"向"高速、双向"转变。互联网的出现，不仅使慢速、单向的会计信息输入输出模式变为高速、双向，而且能适应网上交易的需要，实现实时数据的直接输入输出。

（二）网络会计的特点

一是网络会计为现代企业的生产经营活动提供了新的场所、新的契机。在网络经济环境中，企业可通过互联网不断拓宽自己的生产经营场所，了解最大范围内的客户需求，从最大范围的供应商中挑选出最佳供应商，通过畅通于客户、企业和供应商之间的信息流，减少诸多中间环节，从而以最快的速度、最低的成本进入市场，及时把握商机，不断提高和巩固企业在竞争中的地位。二是网络会计改变了企业的交易方式。网络经济的兴起，还促使没有经营场地、没有物理实体、没有确切办公地点的虚拟企业出现。这些企业只要在互联网的一个结点上租用一定的空间。经过认证，便可在网上接受订单，寻找货源并进行买卖活动。虚拟企业使传统企业模式发生了根本性的变化，同时也深刻地改变了传统的交易方式。

在网络经济时代，无论是网络还是计算机本身都经历了巨大的变化，网络对企业会计环境的影响也是显而易见的。就广域化环境而言，一方面，国际互联网使企业在全世界范围内实现信息交流和信息共享；另一方面，企业内部网技术在企业管理中的应用则使企业走出封闭的局域系统，实现企业内部信息对外实时开放，同时使企业内部包括财务部门在内的所有部门实现了资源的优化配置。

（三）网络会计面临的问题与对策

1．网络会计所面临的问题

（1）信息在网络中传递的真实性和可靠性

在网络环境下，会计仍存在着信息失真的风险。虽然无纸化传递可有效避免人为原因导致的信息失真，但仍不能排除电子凭证和账簿被随意修改而不留痕迹的行为发生，传统会计中依据签章确保凭证有效性和明确经济责任的手段已不复存在。

（2）计算机系统的安全性

第一，硬件的安全性。网络会计主要依靠自动数据处理功能，而这种功能又很集中，自然或人为的微小差错和干扰都会造成严重后果。

第二，网络系统的安全性。网络使企业在寻找潜在贸易伙伴、完成网上交易的同时，也将自己暴露在风险中。这些风险主要来自未经授权的泄密和黑客的恶意攻击。

（3）对会计软件的要求高

互联网上的互访使企业间的彼此了解加深，如何利用其他企业的会计信息进行及时有效的比较分析，得出对本企业有决策价值的信息，进一步实现会计核算层向财务管理和决策层转化是网络会计对会计软件开发的新要求。同时，随着电子商务的发展和业务的增多，会计信息的处理量将大大增加，如何使会计系统向网络多用户和管理信息系统深化是网络会计对会计软件运行环境的新要求。

2．发展网络会计的对策

（1）加快立法工作

国家应制定并实施计算机安全及数据保护方面的法律，从宏观上加强对信息系统的控制。

（2）技术、管理方面

对于重要的计算机系统应安装电磁屏蔽，以防止电磁辐射和干扰。制定计算机机房管理规定，采取安全保护措施，加强磁介质档案的保存管理，防止信息丢失或泄露。

（3）网络安全方面

第一，健全内部控制。在操作系统中建立数据保护机构，调用计算机机密文件时应登录户名、日期、使用方式和使用结果，修改文件和数据必须登录备查。同时，系统可自动识别有效的终端入口，当有非法用户企图登录或错误口令超限额使用时，系统会锁定终端，冻结此用户标识，记录有关情况，并立即报警。第二，提高网络系统的安全防范能力。对病毒的预防可采取防火墙技术，将病毒及非法访问者挡在内部网之外。对于会计信息系统可采用数据加密技术，防止会计信息在传输过程中被泄密。

（4）软件开发方面

第一，提高会计核算软件的通用性和实用性。可对购入的商业化软件进行二次开发，并通过接口和系统集成的办法克服二次开发软件和商品化软件不能共享的缺点。第二，努力使会计软件的运行环境向更高领域发展。在 Windows 平台上，可采用 VF、PB 等数据库语言，提高会计系统对互联网的适用性。

（5）会计电算化制度方面

第一，建立会计电算化岗位责任制。岗位责任制是会计电算化工作顺利实施的保证，对会计人员的管理要真正体现"责、权、利相结合"的原则，明确系统内各类人员的职责、权限，并与利益挂钩，切实做到事事有人管，人人有专责，办事有要求，工作有检查。第二，做好日常操作管理。日常操作管理主要包括计算机系统使用管理和上机操作管理。第三，做好会计档案管理。要对电算化会计档案做好防磁、防火、防潮和防尘工作，重要会计档案应备份双份。

（四）我国网络会计的发展趋势

网络会计将朝着集成化、多元化和智能化方向发展。第一，网络会计系统将使企业生产经营活动的每个信息采集点都纳入企业网中，大量的数据通过网络从企业各个管理子系统直接采集，并通过公共接口，与有关外部系统相连接，绝大部分的业务信息能够实时转化，直接生成会计化信息，从而使会计数据处理走向集成化。第二，网络会计系统可以理解为一个由网络系统、电子计算机系统、个人数据及程序等有机结合的应用系统，它不仅具有核算功能，而且更有控制和管理功能。因此，它离不开与人的相互作用，尤其是预测与辅助决策的功能必须在管理人员的参与下才能完成。所以，网络会计系统不能是一个简单的模拟手工方式的系统，而必须朝着具有人机交互功能系统的方向发展。

网络会计应更好地满足企业加强财务管理的需求。网络会计从财务会计的单纯记录和反映扩展到与解析过去，控制现在和筹划未来有机地结合起来，使为企业经营管理提供科学的决策依据成为可能。企业为保证决策目标的实现，需要制定企业内部的生产经营规划，在执行过程中要加强控制，事后还要组织好核算和分析，检查内部规划执行情况，通过分析、思考、总结来找出生产活动中带有规律性的因素，为下一期预算提供更有保证的依据。然而，这样就需要网络会计系统具备事前有预算，事中有思考，事后有总结的功能，以更好地满足市场经济条件下企业内部财务管理的需要。

二、网络时代财务会计的内部控制

所谓财务会计内部控制，是指为实现战略总目标及其细化的经济效益、会计报表可靠、资产安全、活动合法等具体目标而制定的相关程序和方法。随着时代的发展，财务会计内部控制也面临着新的挑战。

在社会不断进步和发展的过程中出现了各种各样的新鲜事物，这些新鲜事物对于其他传统事物来说既是机遇，也是挑战。财务会计的内部控制作为一个传统事物，在新时代背景下需要进行一系列的改革，这样才能更好地适应时代发展的要求，促进财务会计内部控制的效用得到最大限度的发挥。

（一）网络环境下内部会计控制的新挑战

1. 会计核算范围扩大

网络时代，会计核算环境发生了很大的变化。第一，会计部门的组成人员结构发生了变化，由原来的财务、会计人员转变为由财务、会计人员和计算机操作员、网络系统维护员、网络系统管理员等组成。第二，会计业务处理范围变大，除完成基本的会计业务，网络会计同时还集成了许多与管理及财务相关的功能。第三，网络会计提供在线办公等服务，从而使会计信息的网上实时处理成为可能。

2. 会计信息储存方式和媒介发生变化

网络会计采用高度电子化的交易方式，对数据的正确性、交易及其轨迹均带来新的变化。电子符号取代了财务数据，信息的载体已由纸介质过渡到磁性介质和光电介质。对这些介质的保存有较高的要求，易受到高温、磁性物质、剧烈震动的影响，其保存的数据资料易于丢失。

3. 企业面临的安全风险加大

在电子商务环境下，电子单据、电子报表、电子合同等无纸介质的使用，无法沿用传统的签字方式，使原始凭证在辨别真伪上存在新的风险。而由于网络环境的开放性和动态性，再加上目前的财务管理缺少与网络经济相适应的法律规范体系和技术保障，黑客的恶意攻击、病毒的感染、计算机硬件的故障、用户的误操作等都会危及网络系统的安全性，给网络会计控制带来很大的困难。

4. 内部稽核和审计难度加大

在网络环境中，财务数据的签字盖章等传统确认手段不再存在，网络传输和保存中对电子数据的修改、转移等可以不留任何痕迹，传统的审计控制制度及组织控制功能的效力弱化，而会计系统设计又主要强调会计核算的要求，对审计工作的需要考虑得很少，导致系统留下的审计线索很少，稽核与审计必须运用更复杂的审核技术。

5. 法律法规建设滞后

网络会计、电子商务的迅猛发展远远超出了现有法律体系的规范，电子交易可能引发的法律争端，如证据、合同的履行以及可靠性问题等成为企业内部控制不得不关注的又一问题。

6. 对会计人员的素质提出了更高的要求

在网络财务环境下，除了要求财务管理人员必须精通财务知识及网络知识，熟悉计算机网络和网络信息技术，掌握网络财务常见故障的排除方法及相应的维护措施之外，还对会计人员的法律意识以及职业道德等诸方面的综合素质提出了更高的要求。

（二）网络环境下加强内部会计控制的主要措施

1. 根据网络环境的特点，制定新型的内部控制制度

（1）严格岗位设置，进行有效的职责分离

在网络会计系统中，由于计算机具有自动高效的特点，许多不相容的工作都合并到一起由计算机统一执行，这样很容易形成内部隐患。为了强化系统的内部控制，一个比较有效的方法就是在网络会计系统中分别设置系统设计、系统操作、数据录入、数据审核、系统监控、系统维护等岗位，各个岗位之间相互联系、相互监督、相互牵制。

（2）实行严格的网络会计系统授权制度

系统软件应设置有关操作人员的姓名、操作权限、相应人员的密码和电子签名。对一些需严格控制操作的环节，设"双口令"，只有"双口令"同时到位才能进行该操作。"双口令"由分管该权限的两个人各自按照规定设置，不得告知他人。对"双口令"进行"并钥"处理后，方可执行相应的操作。同时要按操作权限严格控制系统软件的安装和修改。

2. 加强会计信息系统的安全建设与管理

（1）建立完善的网络会计信息安全预警报告制度

会计主管部门应尽快建立一套完善的网络会计信息安全预警报告制度，依托国家反计算机入侵和防病毒研究中心及各大杀毒软件公司雄厚的实力，及时发布网络会计信息安全问题及计算机病毒疫情，从而切实有效地防范网络会计信息安全事件的发生。

（2）充分利用先进的网络技术，提高信息的安全性

为了解决动态会计信息在传输中被截取等问题，防止非法入侵者窃

取会计信息和非授权者越权操作数据。应采用有效的安全密钥技术，将客户端和服务器之间传输的所有数据都进行加密；使用防火墙技术，执行安全管理措施；使内部网和公众访问网分开，既保护内部网络敏感的数据不被偷窃和破坏，又能实时记录网内外通讯的有关状态信息；做好经常性的病毒检测工作，进行杀毒、护理和动态的防范。

（3）加强网络安全意识，切实做好网络会计信息安全防范工作

针对目前企业和财务人员安全意识薄弱，对网络安全重视不够，安全措施不落实的现状，开展多层次、多方位的信息网络安全宣传和培训，并加大网络安全防范措施检查的力度，以真正增强用户的网络安全意识和防范能力。

（4）形成网上公证的由第三方牵制的安全机制

网络环境下原始凭证用数字方式进行存储，应利用网络所特有的实时传输功能和日益丰富的互联网服务项目，实现原始交易凭证的第三方监控（即网上公证）。

3．建立新的内部审计监督机制

在网络经济下，内审部门要对网络会计系统各职能部门的工作进行有效的监督和检查，协调好各级管理部门的关系，使其有效地履行职责，保证网络会计系统的正常运行。内审人员要根据网络经营与网络财会的特点改进和创新审计程序和方法。

4．提高会计人员的综合素质

（1）在教育领域应加强复合型人才的培养，促进网络化进程

我国各级各类教育机构要结合经济发展要求，及时调整办学思路，设置科学合理的课程，加大高层次会计人员的培养数量，从数量结构和知识层次方面提高我国会计人员的整体知识素质。

（2）多途径提高会计人员的业务素质

可通过对会计人员在职培训，鼓励会计人员自学，加强会计人员的继续教育工作以及实行岗位轮换制度等措施帮助他们提高素质、积累经验、更新知识，使他们不仅具有较深的会计理论功底和娴熟的会计业务

技能，而且还能掌握现代网络技术，熟知商务知识和法律法规，能从容应对知识的快速更新和经济活动的网络化、数字化，适应网络会计核算、管理的要求。

三、网络时代财会工作创新的措施

（一）网络系统观念

网络系统将是未来社会的基本存在形式，对会计而言，网络系统观念不只是有组织上的意义，而且具有更为深刻的基础性意义。

1. 在网络系统环境下，应重新审视和认识会计，建立网络系统会计观

正如以大机器生产为代表的工业革命使传统的簿记转化为现代会计一样，网络时代的到来，必然使会计再次发生根本性变化，这将是不以人的意志为转移的。变化的方向与特征则取决于网络系统的特征，未来趋势及现实世界中会计的矛盾。

网络系统是一个便利的信息交流系统，它将在极大地拉近信息提供者与用户时空距离的同时，极大地增加信息容量，丰富信息的内涵与形式，形成密切多样化的信息交流和使用关系。并且，网络系统下的信息交流是多样化双向交流。会计系统必须按此要求进行改造和重构，以用户的需求为基本出发点，根据用户的需求提供及时、灵活的多样化信息。网上企业、电子商务、网上投资、网上结算、网上报税等网际业务的发展，直接将会计核算及监控的视角拉入一个更广阔的范围，在增加会计业务内容的同时，极大地丰富会计业务的形式，使会计业务发生质的变化。

2. 网络是一种真实的经济存在

多样化、信息化的网上活动必将极大地改变人们的生活，也改变会计的方方面面，诸如会计的环境观念、会计资产的形式和含义、负债的形式、权益的构成及其他种种与会计相关的事务。会计系统既是微观管

理的一个重要组成部分，又有重要的宏观管理意义，应该同时纳入微观管理系统和宏观管理系统，并形成微观与宏观的有效连通与衔接，形成一个内外交通的巨大系统。这就要求必须将会计的变革纳入整个社会经济体系变革的洪流中去。在网络时代，社会经济体系的总体再造中，完成重新构建会计观念、理论及方法体系的工作。显然，这是一项庞大的系统工程，单靠会计界自身的力量是无法完成的，必须积极吸纳社会各方面的力量共同参与。

（二）财务报告的变动或修正

现行财务报告是综合反映企业一定时期的财务状况、经营成果及财务状况变动的书面文件，提供财务报告的目的是向会计信息使用者提供会计信息。在网络时代，财务报告受到了剧烈影响，它必须在诸多方面做出较大的变革或修正。

第一，传统的报表体系及项目构成是按照工业社会经济的特点来设计的，与今天的现实已经极不适应。企业规模的急剧扩大、业务的复杂化、频繁的并购与重组以及资产构成的巨大变化，使表外项目日益膨胀的会计报表可读性和实际效用日益降低。

第二，网络技术的发展使人们对信息的内容以及及时性有了新的更高的要求。首先，必须将以时期为基础的报表体系改进为以时点为基础，以适应网上实时查询及定期报表的双重需要。为了采用实时基础，必须对现有报表体系结构进行修正。由于资产负债表本身即时点基础，现金流量表可以看作是有时点基础的动态时期报表，因此，这个意义上的变革重点将是损益表。

第三，现行财务报告缺少对衍生金融工具的揭示。在网络时代，网上交易的主要对象是金融工具，风险性较大。因此，会计信息使用者需要这方面的揭示，以便他们合理地预计风险和未来的现金流量，做出正确的决策。

第四，在网络时代，知识和信息作为一种全新的资本，作为一种关键性的生产要素进入经济发展过程，企业的生存和经济效益的提高越来越依赖于知识和创新，知识资产、人力资产在企业资产中的地位越来越重要，而现行财务报表对此反映较少。在网络时代，可利用现代计算机技术和网络技术，建立集电子交易、核算处理、信息随机查询于一体的"动态实时报告系统"，实时地满足不同层次的报表使用者对企业会计信息的多元要求。在会计报表中，也应将知识资源和人力资源作为主要资产项目加以重点列示。反映的侧重点应由关心"创造未来有利现金流动的能力"转向关心"知识资本持有量及其增值的能力"。

此外，财务报告还要能反映大量的非货币性信息，如企业员工素质、企业组织结构等。

（三）企业理财思想及模式创新

在企业整合资源的过程中，有很多方法可以进行有效地选择。

1. 企业理财的基本分析原理

在企业整合资源的过程中，通常由两种方式可以让企业进行选择，一是使企业的资产规模获得有效的扩张，兼并与收购其他的企业；二是让企业的资产实现发展式的收缩，让资产实现有效的剥离，通过出售相关的资产与拆分子公司中的股份，站好比例分配给母公司股份，从法律意义上将子公司从母公司分离出去。

企业管理效率表明，在一定负协同作用的引导下，企业通过子公司与母公司重新定位，在最终确定子公司与母公司同样具有优势的基础上，让企业集中精力对企业生产的项目进行重新定位，最终将精力集中在优势的产业上，最终在比较子公司与母公司共同的基础上增强企业的业务盈利能力。

企业发行的股票是投资者的选择，在企业实现拆分之后，股东拥有了两种重新选择的权利。在对两个企业各自承担债务的过程中，拆分后的企业之间也并不存在连带责任的关系，最终让投资的风险降低，让投资的价格随即提高。企业的差分增加了市场投资的品种，差分后的两个企业拥有不同的财务政策与投资机会，在吸引不同偏好投资者的同时获得更好的投资机会。

企业在拆分的过程中会减少债券的资产保证，在债券风险上升的过程中也会相应减少经济价值，让企业的股东因此受到损失。在现实的经济生活中，为数不少的企业债权人都要订立有关股利分配的资产处理，最终尽可能地维护自身利益。

　　在追求速度的经济发展条件下，规模小却灵活，专业能力强大的公司要比传统的巨型公司更具有发展的潜力与市场竞争的优势。寻求有效经济发展的模式有助于预期企业的前景。

　　越来越多的企业家相信，越来越多的企业会走向拆分的道路，拆分给企业带来的优势与利益决定着企业拆分被众多的民众推崇，应用的前景由此十分广泛。

　　中国的证券市场在发展之初为了加快发展与扩大证券市场的规模，提高上市公司筹集资金的力度，在政府鼓励企业进行股份制度改革与上市的过程，将对整个企业改组之后再进行上市，最终将一个公司组合成集团上市的操作方式。

　　整体的上市公司虽然在上市之初可以筹集到让其他企业羡慕的资金，但整体上市却阻碍了企业发展的潜力，让上市企业沦陷入不良资产多，企业员工多，最终让企业的负担加重，总资产大净资产少，负债率相对较高，净资产收益率低以及管理水平落后等。

　　部分上市企业的子公司经营不善，从而直接影响了上市企业的最终业绩，让上市公司最终失去了进一步资本经营的能力。一部分中小型上市企业在进行产业结构调整的过程中，可将产业结构和经营结构进行调整的需要；在全面进行组合的过程中，研发出符合企业发展方向，产业结构方向和经营结构调整目标的优质上市企业，最终提高上市企业的整体运营能力。对规模相对较大的上市企业而言，优质资产的扩张有利于增加大型上市企业的整体竞争能力。在原企业消息不好的情况下让子公司进行资金的募集与筹措大型项目的管理，在原企业效益不是特别好的情况下，企业也可以通过单独上市来募集资金，改造并刺激企业的经营，最终达到企业的资产存量。子企业与母企业的协同发展是企业发展的理想状态。

在上市企业已经拥有良好项目的过程中，为保持企业的不断发展与巨额的资金投入，上市企业的净资产率也会让上市企业丧失配股的资格。当上市企业的资本规模达到一定水平的时候，上市企业要靠基本的融资能力与股本扩张能力实现限制的突破，从而让拆分腾挪出更多的资金空间来。

在实施拆分的过程中，上市企业应该先将子公司分拆出来，再进行子公司的上市，这样进行的资产重组会有效地分配利润，最后当条件成熟以后再将子公司拆分出来。

2. 企业拆分的好处

（1）企业的分拆有利于提升企业股票的市场价值

市场并不能够准确地反映上市企业精确的市场价值，尤其是对实行多元化经营的上市企业而言，由于其业务范围涉及的领域较广，潜在的投资者并不能预测股票的市场价值，作为独立于母体的子公司而言，接受客观的业绩评估是让企业具有市场新价值的有效手段。

（2）企业的分拆可以弥补并购策略失误，最终成为并购策略的组成部分

在全球企业并购的热潮中，企业并购成功的案例不计其数，在企业迅速实现扩张规模的情况下最终也能将竞争对手转变为战略同盟，但不明智的并购也会导致灾难性的后果。虽然绝大多数的企业在并购其他企业之后有盈利的机会，但实行并购的企业在实施并购的过程中有时也并没有确定并购的行为会不会带来经济效益。为数不少的企业虽然实施了并购的策略，但也并没有实现经济的增长。

（3）企业分拆使企业管理层与股东利益紧密结合

对企业的管理层激励是将股东与企业的利益密切保持一致，最终实现股东利益的最大化。在多元发展的企业中，基于整个企业价值之上的股权或期权激励措施实际上并不与处于分支机构内的管理人员的决策业绩密切相关。管理层人员弱化是绝大多数企业共同面对的问题，分支机

构的管理人员与企业核心管理人员之间存在着严重的信息不对称局面，最终导致经营偏好差异与企业内部配置效率低。

可如果将子公司从原有的企业中拆分出来，就可以有效地实现企业的资源配置与拆分法则，在企业整体接受市场化竞争过程中，最终实现资本市场的审视与管理，降低了一部分企业的市场代理成本，也有效地优化了代理的机制。

（4）企业分拆是企业摆脱监管束缚与实现管理创新的重要手段

作为生存在政府与市场管理竞争之中的组织形式，政府对企业的管制伴随着企业的经营活动的全过程，企业追求利润最大化的结构形式必定需要政府的及时监管，企业通过创新来实现政府的放宽监管是企业发展过程中的有效手段。

（5）企业分拆是企业退出投资的重要通道

上市企业往往控制着市场中的稀缺资源，如此造成了为数不少的中小企业退出了核心业务的竞争，为数不少的企业业务附加值通常情况下被降低。由于上市公司在自己的调配中具有一定的流动性，从而在经营上抢得先机。

在企业上市之后，政府要出面进行一定权责之内的市场监管，最终让企业跳出前期的初级发展状态，使得林立在市场中的各个大中小企业走可持续发展的道路，提高管理效率，实现繁荣市场与创新层次的提高。

（四）产权模式创新

在信息日益成为商品的网络时代，会计信息能否成为一种商品，主要取决于会计信息的产权能否有效界定。只要有明确的私有财产权，很多外部性的经济活动都可以通过适当的契约安排达到最优利益效果，而不必管这种私有财产属谁所有和做何种分配。因此，会计信息成为商品的前提是产权的明晰，亦即会计信息到底归谁所有。会计信息的本质是企业所有的一项经济资源，产生的主体也是企业，而企业又归股东所有。因此，会计信息天然的产权所有者应该是企业的股东。现行的制度框架中，会计信息的这项经济资源由经营者管理，但并不明确为谁管理；股东亦不自知其为会计信息的所有者。因此，确认股东为企业的产权所有者，至少会带来一些改变。第一，虽然会计信息是稀缺的，但一直以公共产品的形式供应。如果赋予股东以会计信息的产权，产权所有者就有可能以私人商品的形式供应会计信息。第二，作为企业资源的所有者，股东可以选择经营者以外生产会计信息的代理人。第三，消费者对现行的标准会计信息产品之外的需求将会刺激产权所有者扩大供给，会计信息的供需可在市场中进行，价格与产量由供需决定。

会计信息产权的明晰化，只是其市场化的钥匙，能否打开市场的大门，则取决于这把钥匙的价格是否足够合理。因此，现在的问题是会计信息的产权界定成本是否足够的低廉。不断的技术革新使得会计信息的产权界定获得前所未有的技术支持。媒体的网络革命使得会计信息不仅可在报纸上公布，还可以选择网络传播，设立自己的网址。会计信息可以作为商品出售给网络媒体公司，而不是像现在上市公司还得付钱给证券报刊登其会计信息。

（五）会计信息产生模式和传播模式的创新

1. 成立专门的会计服务公司，以改变传统的会计信息生产方式

传统的会计信息生产方式的特点。①手工操作。这使得会计信息的供给受到手工劳动的低效限制。②非市场化的企业内部职能。计算机技术的发展使得会计信息的生产者有可能实现非手工化，较为复杂的会计方法的使用亦成为可能；同时，网络技术的发展使得企业经济交易的原始数据的异地实行，实时传送成本不再高昂。基于上述两项技术的巨大突破，会计信息的生产方式终于可能冲破上述约束条件，由手工生产变为机械化生产，由作坊式生产走向享受规模经济收益的大生产。

2. 企业与会计服务公司签约

契约内容包括两个方面。第一，会计服务公司替代企业执行会计信息生产职能，企业向会计服务公司支付相应的费用，企业有向后者诚实

地提供所有相关信息的义务（双方约定存有例外的，该例外应同随后的会计信息一并公布）。第二，企业将会计信息的所有权售与会计服务公司，后者向前者支付相应的价格。

3. 会计服务公司与媒体公司签约

会计服务公司通过协议有偿赋予媒体公司披露会计信息的权利，会计服务公司与会计师事务所对会计信息的质量负责。

4. 凡任何会计信息的消费者必须付费使用会计信息

网上付费系统（如网上银行）的发展与成熟，会使得付费本身的成本下降，凡会计信息的消费者都必须付费使用会计信息。

第二节 新经济时代财会工作的创新

一、新经济时代财会工作简述

（一）经济形态与会计发展之间相互关系的理论分析

会计与经济之间有着内在的互生规律与联系。会计的发展不仅与经济水平的提高有关，而且与经济形态的更替有关。从会计发展的历史主线看，每一次新旧经济形态的更替，都能促进经济水平不断提高，进而带动会计向前发展。但与此同时，新经济形态本身也往往对会计提出非凡要求，成为引导会计发展的另一动因。历史上，正是经济水平和经济形态这两个主导性因素以其各自的方式共同影响和决定着会计的发展与方向，使得会计的发展过程既有与经济水平提高相应的不断向前的趋势，又具有与经济形态更替相对应的阶段性特征。

1. 社会经济发展对会计的影响

经营管理的规范成熟及要求提高对会计的影响。总体上讲，经营管理的规范成熟对会计提出了更高的要求，使会计方法和处理流程也更加先进，伴随着经营管理的规范成熟而得到了发展。而且，随着经济全球化的兴起，跨国公司不断涌现，使得为了适应跨国公司会计核算的国际会计也得到了发展，丰富了会计理论与实践的内容。

（1）推进国民经济与国际接轨

会计国际化采纳国际会计准则，这使国际范围的金融借贷、贸易往来和经济数据沟通等更加透明，公平合理、便于理解，提高了双方的满意度，推进了国际贸易，使每个国家的经济福利都得到了增长。

（2）科学技术进步对会计的影响

会计成为独立的职能正是因为社会生产力的提高所致，在今天，科技进步使得会计电算化得到了长足发展，会计核算大量应用会计软件和计算机技术和操作，手工会计的应用已经大大减少了。

（3）知识经济发展对会计的影响

包含技术、专利、管理等在内的知识经济，使得原本费用化的支出，要予以资本化，知识经济使得会计核算的内容更丰富，也更加复杂，使会计核算更真实地反映资金运动。尤其是知识和网络经济环境的发展，更是对会计行业产生了深刻的影响。

（4）国际环境发展变化对会计的影响

全球化的兴起，使得经济中的采购、生产、交换、消费、分配等日益全球化，世界各国的经济体制和形态，还有财政货币政策也逐步纳入全球范围内。这促进了世界各国会计理论和法规实务的国际趋同进程，国际会计准则日益成了世界通用的经济语言。

2. 会计对社会发展、经济环境的影响

（1）对宏观经济环境的影响

会计核算并提供着重要的经济信息，不仅反映经济运行状况，还能提供经济预警作用，会计工作有助于政府获得经济信息和企业发展状况等信息，进而对宏观经济进行调控，促进经济平稳运行，降低经济运行风险，实现经济发展。

（2）对微观经济体的影响

会计工作的主要产出是会计报表等会计信息资料，而会计信息资料为企业管理层提供了做决策的依据，企业可以据规范的、准确的会计信息改善运营方式，提高获利能力和管理水平。规范的会计也为投资者提供了经济和经营信息，帮助投资者进行资源的正确配置，提高了金融深化的水平，促进了金融加速效应的发挥，进而保持金融稳定，促进经济持续发展。

（3）推动社会和经济的法治化、秩序化

真实合理合法的会计信息资料，才能保证证券交易公平公开地进行，虚假的会计信息会扰乱证券交易市场。会计按照税法要求，调整企业的经营成果和流动负债、存货成本等，接受国家经济政策引导，规范的会计工作会促进国家经济法、税法、竞争法等顺利推行，使国民经济运行更有秩序。

（二）知识经济的影响

目前的会计思想、理论和方法体系是在工业经济时代产生、发展起来的。当知识经济开始出现并迅速发展时，其对现有会计体系所带来的影响是广泛而深远的。现行会计知识体系面临着重大挑战，但同时也孕育着又一次进行变革和创新的机遇。

1. 对成本计量与控制理论的影响

传统的成本计量与控制理论是在工业经济时代形成的。知识经济下的成本结构和工业经济下的完全不同。对知识型企业或高科技企业来说，其主要的成本是研制成本，而变动成本和产品成本几乎为零。这种成本结构使得需要寻找和确定新的成本控制点，并发展新的成本控制方法。由于研制活动风险大，研制成本的未来预期收益不明确、保证性差，而变动成本又过少，使得无论研制成本还是软件的复制成本都无法作为收益猜测的基础，不仅需要建立新的猜测基础和方法，而且需要检讨传统成本会计将研制费用计入当期费用的处理方法。

2. 对融资理论与资本结构理论的影响

在工业经济社会中，企业的固定资产和设备投资很大，因此在开办之初，企业往往运用财务杠杆理论进行融资，从而形成自有资本与借入资本相结合的二元化资本结构。但是，在知识经济时代，企业的固定资产和设备的投资很少，尤其是一些网络公司和软件开发公司，只需要少量的电脑即可运作。因此，在企业开办之初，一般不需要进行借款融资，而一旦开发成功，企业则可以在资本市场进行自有资本融资。如此一来，这些公司就形成了单一的资本结构，即只有自有资本而没有或只有很少的借入资本，资金成本很小。这说明，传统的融资与资本结构理论对新型的企业并不适用。

3. 对资产计量理论的影响

现行的资产计量理论与实务侧重于对有形资产的计量，而对无形资产的计量虽有所考虑但其范围却很狭窄。在知识经济社会中，无形资产是企业核心竞争力的集中体现，是企业利润的主要来源，其所占比重已大幅增加，个别新型企业中无形资产已占总资产的 50％～60％。假如仍沿用现行的资产确认与计量理论，将导致会计对企业资源及其竞争能力反映的严重失实。

4. 对资本计量理论的影响

现行资本计量理论强调实物资本及其提供者的权益，对无形资产提供者的权益只承认专利、技术等成果化部分，而对大部分的智力资源或知识性资产不予承认。对知识型企业或高科技企业来说，企业的价值和竞争力的源泉是其所具有的创新能力。而创新能力的大小主要取决于企业所拥有的知识量及知识的积累程度。假如企业不认可知识资源或知识资产及其所有者的权益，一方面会导致对资本计量与反映的不全面；另一方面，也会扼杀企业的创造能力及创新能力的形成与提高。

5. 对财务报告理论的影响

知识经济社会的一个显著特征是经济活动的网络化。企业可以通过互联网与其他企业和投资者进行及时的交流与沟通。这种经济活动的广域性和信息需求的及时性对传统的会计信息披露方式提出了挑战，要求会计必须改变定期（年、季、月）、决定对象（投资者、债权人等）的信息披露方式，借助更先进的信息交换媒介进行广泛的及时性信息加工与传递。

6. 对绩效评价理论的影响

传统的经济评价模型中，一直以实物资本及物质产品的多少来衡量企业的规模与产出效率。而按照知识经济的评判标准，这种评价模型是过时的、不适用的。因为在知识经济时代，企业的经济活动虽然仍离不开实物资本，但企业经济增长的主要动力在于其拥有的知识、技能和能力。企业价值的大小从根本上说不在于其实物资本的多寡而在于其创新能力。

7. 对利润形成与利润分配理论的影响

传统的经济理论认为，利润是由资本（主要指实物资本）带来的，因此参与利润分配的主要是资本的提供者或出资人，至于劳动者只是实物资本的附属物，只领取劳动报酬而不参与利润分配。但是，在知识经济时代，企业的主要资源和利润的增长点在于知识、技能和能力，而劳动者则是软性资源的载体。因此，知识经济中人的因素是利润形成的主要源泉，是以人为"本"的经济而不是以物为"本"的经济。与此相应，利润分配也应该以资本和知本相结合进行。

（三）知识经济下的会计变革与创新

1. 会计核算观念创新

（1）确立新的财务资源观念

面对知识经济的挑战，企业必须确立新的资源财务观念，并以此拓宽理财的范围。既要充分利用自然资源和传统的财务资源等能被企业利用的有形资源，又要确立和利用以智力为基础的或无形的资源，包括知识资源和时间资源等。

（2）确立"融智"或"融知"的观念

知识经济的主体是知识型企业，其竞争成败的关键因素已不再是自然资源和有形资源，而是知识资源和时间资源。企业从事生产活动所需要的资金、员工、技术、市场等均以员工的知识能力为基础，由此而决定了"融智"或"融知"的重要性。企业在理财时应确立知识和时间资源第一的观念，并通过合理的资金运作，培育和扩张知识和时间资源，以此优化企业资源结构，顺应知识经济发展的要求。

（3）人本财务观念

人本管理是与以物为中心管理相对应的概念，其要求将人作为社会人或文化人而不是经济人看待，要理解人、尊重人、充分发挥人的主动性和积极性。

2. 会计核算内容创新

（1）改革无形资产的相关内容

知识经济时代，无形资产正在成为企业价值创造的主要驱动因素。从这个意义出发，可以将基于价值创造的无形资产定义为：无形资产是指由企业创新活动、组织设计和人力资源实践所形成的非物质形态的价值创造来源。鉴于无形资产在企业盈利过程中的作用，继续采用历史成本原则核算无形资产，特别是将企业自创的无形资产进行费用化而不在企业的财务报表上进行反映，就不能准确地向投资者和债权人提供公司财务状况和经营成果的相关信息，甚至有可能误导投资者和债权人。因此，对于无形资产特别是自创无形资产的会计核算需要进行改进。

（2）建立管理核算型会计模式

在知识经济条件下，计算机技术、网络技术的不断发展，企业的生产活动、经营活动、研究开发活动、采购活动等都要运用高科技进行管理，企业之间的竞争更加激烈。这就要求会计管理发挥核算过去、控制现在、参与决策、预测未来等职能作用，用会计特有的方法了解和分析市场，评估各种经济的和非经济的、有利的和不利的、内部的和外部的因素和风险，以便采取对策防范和化解风险，达到预期的经营目标。

3. 改进以交易为基础的会计核算体系

现行以交易为基础的会计核算体系提供的信息，大多数是一些有产权交换关系的法律意义上的实物交易，如销货购货、利息支付和资本支出等。这种以交易为基础的会计核算体系的优点在于其可靠性，依据某一项具体交易活动或业务发生的实际金额，作出相应的会计处理，确认销售收入、存货、应付利息的减少或资本的增加。然而在无形资产占主导地位的新经济环境下，创新能力成为资本，智力资本产品化、商业化了，这种方法不能够及时反映无形资产增加对企业价值的影响，会降低决策的效率。因为无形资产可能在瞬间取得，也可能在瞬间消失，再加上网络技术的高速传递，任何影响公司价值的事项可能在瞬间传遍全球。而以交易为基础的会计核算体系，只有在取得可靠计量的数据时（即交易发生时），才会对该事件进行确认和计量。这显然落后于事项的发生及企业价值的相应变动，事项和交易的不一致是投资者和管理者决策相关性低下的主要原因。

4．探索风险会计体系和评价体系

现代企业的理财中，人们已普遍意识到筹资有经营风险、财务风险，投资也有风险，但对知识经济会给企业带来更大的决策风险、存货风险、开发风险、货币风险、投资风险及怎样去衡量和防范风险却意识淡薄。因此，如何有效防范、抵御各种风险及危机，使企业更好躲避风险。

二、新经济对财务会计的挑战

（一）财务会计的概念及其目标

1．财务会计的定义

财务会计指通过对企业已经完成的资金运动全面系统的核算与监督，为外部与企业有经济利害关系的投资人、债权人和有关部门提供企业的财务状况与盈利能力等经济信息为主要目标而进行的经济管理活动。

2．财务会计的目标

此处财务会计的目标主要指企业财务会计的目标。企业财务会计的主要目标是向政府机构、企业外部投资者、债权人和其他与企业有利益关系的单位和个人及企业管理当局等一系列信息使用者提供有利于做出投资、信贷决策及其他有关决策的企业财务状况、经营业绩和财务状况变动的各种财务信息和非财务信息。

（二）新经济时代下企业财会工作面对的挑战

进入新经济时代以来，经济上的方方面面都发生着巨大的改变，而作为为会计信息使用者提供各种必要的会计信息的财务会计也面临着巨大的挑战，具体表现在以下几个方面。

1. 对新兴资产的定义

在新经济时代，人才是非常重要的资源，这也使得人力资源管理变得越来越热门。由此给财务会计带来的问题就是如何能够正确地定义人力资源的价值？如何能在账务中将企业所拥有的人力资源体现出来？在一个企业中，诚然人力资源会是这个企业非常重要的资产，但是每个人所拥有的能力不同，对企业的贡献也有所不同，这也使得财务会计无法准确判断不同的人力资源所代表的价值。同时，网络技术的日益发达使得人们已步入了信息化时代，伴随而来的是产生了许多以信息技术来创造财富的企业。那么，对于这些企业的财务会计来讲，如何准确地确定信息技术这类无形资产的价值和折旧摊销方法也是一个很大的挑战。除此之外，新经济时代还给企业带来了很多其他的新兴事物，对于财会而言，怎样确定这些事物对于企业的价值会是一个很重要的挑战。

2. 大数据对财会的影响

在新经济时代还有一个重要的特征就是大数据的产生。大数据有四个特点：Volume（大量）、Velocity（高速）、Variety（多样）和 Value（价值）。其巨大的信息量以及价值带给企业财会的挑战就是如何能够在保证可靠性和相关性的情况下，尽可能及时地反映给会计信息需求者所需要的信息。现在会计信息需求者更多的是希望财务会计能做到事中报告甚至是事前预测。在这种情况下，财务会计所需要做的并不只是单一地向会计信息需求者提供企业过去时间所发生的资金运动的相关信息，还需要提供实时的财务报告，并探寻如何利用大数据有效地预测企业未来的发展趋势和防范企业可能遇到的风险的方法。

3. 经济一体化对财会的影响

中国加入 WTO（世界贸易组织）以来，经济一体化对于中国的影响也越来越大。然而，我们国家现行的一些会计准则与国际上通用的会计准则仍旧存在着一定的差异，如何平衡这些差异也是财会应当考虑的问题。另外，经济一体化势必会带来更多的外币核算业务，也会因此产生更多外币核算企业，但现阶段外币报表的四种核算方法都各有利弊，还没有找到一个能被大多数人接受的十分完美的核算方法。同时，外币核算业务的增加也考验着财务会计对于企业的资产和负债套期保值的能力。可用于作为套期保值工具的有传统的金融工具，也有衍生金融工具，如今，随着中国金融市场的快速发展，层出不穷的各类衍生金融工具的核算问题也成为对企业财务会计的一大挑战。

4. 电算化会计对于财会的影响

计算机的出现使得传统的手工会计越来越向电算化会计发展。在电算化会计信息系统环境下，账务处理结果和数据文件都存储在计算机或磁盘等电子介质上，不像手工会计系统那样直观，特别是在磁盘上更改数据不会留下任何痕迹。在电算化环境下，更加需要财务会计的细心，因为如果系统中间的某一个环节出错，计算机处理的高速性、自动性和重复性会使得差错快速以及反复地出现，酿成无法挽回的后果。磁性材料的特殊性质也要求会计要更加细心地保存会计资料。由于计算机技术的快速发展，电算化会计的产生也在一定程度上削弱了会计监督的力度。

（三）企业财会的应对策略

1. 及时完善企业会计准则中的规定

我国的《企业会计准则》应当与时俱进，对于一些新兴资产价值的确定的方法及时更新，并合理制定准则以激发企业对于创新的兴趣。也就是说，只要企业所研究的项目无法进入到开发阶段的项目，所涉及的全部支出无疑会全部计入费用当中，这不仅降低了企业当期的利润，更重要的是会降低企业对于技术创新和研发科研项目的积极性。新经济时

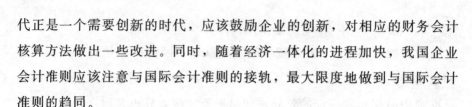

代正是一个需要创新的时代，应该鼓励企业的创新，对相应的财务会计核算方法做出一些改进。同时，随着经济一体化的进程加快，我国企业会计准则应该注意与国际会计准则的接轨，最大限度地做到与国际会计准则的趋同。

2. 完善企业的内部控制制度

电算化信息系统的内部控制制度不同于手工系统的内部控制制度。会计电算化信息系统的内部控制一般可分为两类：一般控制和应用控制。二者均是会计电算化信息系统所产生的特殊控制，目的在于预先发现和纠正系统中产生的故障，使系统能正常进行，并提供及时可靠、高质量的会计信息。完善企业的内部控制制度，做好会计不相容岗位的安排，并加强会计电算化信息系统的一般控制和应用控制才能使会计电算化内部控制制度得到完善。在这种条件下，输入、输出、处理、加工的信息才能在质量上符合所要达到的要求。

3. 财务会计人员应注意提高自身素质

归根结底，不管外部环境给财会人员带来的挑战有多大，只要财会人员自身的综合素质够高，无论什么挑战都能从容应对。对于财会人员如何提高综合素质，一方面，财务会计人员自身应与时俱进，不断学习新知识，会计本身就是一门一直随着环境变化而发生相应改变的学科，财会人员应保持掌握知识的新鲜度，并学会由单一的事后反映会计信息向事中报告和根据相关信息为管理者作出决策提供比较正确的预测；另一方面，企业也应定期对内部财会人员组织培训，以保证所拥有的人力资源的质量。

三、新经济时代财会工作的创新路径

在新的时代背景下，互联网技术得到广泛的应用，财务会计人员的工作环境和业务性质都发生了很大的变化。会计人员不仅要像传统的工作人员一样掌握深厚的会计基础知识，还要具备一定的计算机技能。另外，会计信息的真实性关系到企业决策的正确性。因此，在会计工作中还应当懂得如何有效地过滤会计信息，确保会计信息的真实可靠，同时要具备较高的职业道德素质，对企业的财务机密严加保管，防止竞争对手的窃取。在国际贸易频繁、财务工作更加细化的情况下，财务会计人员还要懂得国际上通行的财务会计、审计等知识，具备一定的经济法律知识，以提高工作水平。

（一）新经济时代对财务会计基本理论的冲击

1. 对会计对象的冲击

调整经济结构的目的是提高生产要素的配置效率，以较少的投入实现新增社会财富和福利的最大化。在新经济条件下，会计信息的使用者不只是关心企业过去的价值增值运动的数量方面，大多数信息使用者由于决策的需要，同样关注企业现在和未来的价值增值运动的数量方面。这一点，随着新经济的到来，将显得更加迫切和重要。因此，会计对象有必要从过去的价值增值运动扩展到预期的价值运动。会计对象的扩大已经表现在会计既可以提供历史信息，又提供预测未来信息。在新经济条件下，人力资源会计、社会责任会计、资本成本会计和财务预算等方面的信息将被列入财务报告的范围，因此，会计对象的内容也在不断地丰富与发展。

2. 对会计职能的冲击

新经济时代，会计的职能发生了很大的变化，其由原本的反映和控制工作扩展到反映、控制、预测三个方面上，需要注意的是，这三者职能是相辅相成的。反映就是对过去工作的总结，控制就是保证会计目标的实现，预测就是在过去的基础上，对未来的预测。而企业的决策水平也主要取决于财务会计相应信息的反映上，不仅包括财务信息，还包括非财务信息。由此可见，财务会计的基本职能拓展为反映、控制和预测。

3. 对会计计量的冲击

会计计量历来是会计的核心。传统会计计量是以历史成本为基础的计量模式。但是，金融的不断创新，以及无形资产在新经济时代企业价值创造的核心地位，都对传统历史成本计量模式产生了巨大的冲击。由于金融市场行情波动日益激烈，变幻莫测，表外融资和衍生金融工具交易蕴含极大的风险，误导市场参与者，乃至使投资者或债权人遭受大损失。因此，历史成本属性根本无法对衍生金融工具进行计量。公允值属性成为计量衍生金融工具的理想选择，甚至是唯一选择。

4. 对财务报告的冲击

新经济环境对会计确认和计量的冲击，最终都会反映到财务报告上来。传统财务会计由于确认标准和计量困难的限制，将许多决策者有用的信息都排除在会计系统之外，如对无形资产基本上不确认和计量，对人力资源不确认和计量，造成财务报告信息数量上的不完整。从本质上看，财务报告的信息相关性、及时性也面临着挑战。财务报告要适应新经济时代"快"的要求，改革传统信息加工和报告形式，充分利用现代计算机技术和通信网络技术，使会计信息系统更加灵敏、准确、及时。

（二）新经济时代财务会计人员提高工作水平质量的措施

1. 树立终身学习的意识，坚持与时俱进

传统的会计制度较大程度地限制了财务工作人员的主观能动性的发挥，留给财务人员的选择和判断的空间过于狭窄。而在大多数企业中选择财务人员的时候，都偏于选择一些具有工作经验的工作者。财务人员应多注重现有的财务业务知识的钻研，注重财务处理技巧的积累。在新经济时代，财务主体和信息处理的方式都发生了很大的变化，财务人员只单纯地掌握财务知识已经不能够满足现代企业发展的要求，还需要具备一定的计算机、国际贸易和网络经济等多方面的知识。随着现代企业的业务范围的扩大，新型的经济组织形式层出不穷，这就需要财务工作人员树立终身学习的意识，接受各种新的理论知识和技能的培训学习，跟上时代的步伐，适应现代社会发展的要求。

2. 要有创新意识，发挥主动性和创造性

在传统会计下，会计账目和报表基本是确定的。在新经济下，网络经济的发展，会计工作正向生产、经营和管理的各个层次渗透，分析经济情况、有效控制资源、参与经济决策、防范经营风险和预测经济前景等方面的作用日益明显。财会人员要有创新意识，发挥主动性和创造性，利用已经熟悉财会专业知识的优势，从专业的角度为企业经营管理提供有效信息。

3. 要重视对新经济下会计理论的探讨

面对新经济下企业财会环境的变化，如对会计假设的影响，财会人员应从理论上进行深入研究，并积极关注国内外学者在新经济对企业财务会计影响的研究，特别是要借鉴国外已有的研究成果，结合我国的实际情况进行探讨。财会人员只有拥有深厚的财务会计理论知识，才能在实践中不断创新，灵活运用。

4. 要培养自己敏锐的洞察能力，发现与解决会计实践中出现的新问题

在网络时代下，对财会人员的要求不是获取信息的能力，而是对信息的整理、分析及快速做出反应的能力。随着经济的发展，财会人员的职能将会越来越广。除了传统的记账以外，还包括对企业生产成本的控制、营运资本的管理、风险控制与核算、战略投资的策划、财务报表的分析与预测、前瞻性信息的提供等。这些都要求财会人员具备较强的分析、判断、选择和决策的能力。为培养自己敏锐的洞察能力，财会人员要加强学习、注重提高理论素养，不断吸取新知识，掌握新情况，保证既有坚实的会计理论基础，又有熟练的会计实践能力。

新经济时代的到来，会计学界应当积极地迎接挑战，及时地研究解决新经济时代带来的问题，推进会计的变革与发展，这样才能够适应新时代的经济环境，推动企业的持续发展。作为财务会计工作人员，除了要牢固地掌握专业知识和技能，还应当树立终身学习的理念，不断地探索新知，掌握一定的计算机操作技能、法律和国际贸易知识等，以有效地面对新时代的发展要求。

第三节　财会工作的创新性发展

一、财务会计的发展趋势

（一）财务会计发展的历史必然性

财务会计作为现代企业的基础性工作，它的产生是历史的必然。在历史的不断发展以及世界经济的进步下，财务会计也逐渐地进入了人们的视野，在时代发展的潮流之中显现了它特有的生机和魅力。它的优越性也越来越突出。财务会计是立足于企业，并且面对市场的工作，它向企业外部利益者提供各类有助于进行经济决策的信息。财务会计的目的在于提高企业的经济效益，并能积极参与经营企业的决策管理。

一个企业如果想要取得投资者的信任，就必须向资本市场传递特有的信号，也就是一种能够显示企业优点、异质性，并且具有甄别性的信息。而此时，财务会计作为一个为企业外部利益者提供评价受托责任履行情况及进行各方面的经济决策相关信息的人造系统，在继承和发展的基础之上，从传统会计中分离了出来。

在目前全球经济一体化发展的形势下，经济增长方式发生了较大的变化，传统经济增长方式已经逐渐被知识经济所取代，知识经济在发展质量和发展规模上都发生了非常大的变化。受到经济增长方式转变的影响，现代财务会计理论也与时俱进，在会计理论和会计细则方面进行了较大的改变，使财务会计理论更适应新经济形势的发展，成为新经济增长的重要手段和推动力。为此，应根据现代财务会计理论的具体变化，对其发展趋势进行认真分析，保证现代财务会计理论的实用性。

（二）现代财务会计理论的主要内容

1. 会计目标

会计目标的内容主要是明确要提供会计信息的原因，提供会计信息的对象以及提供哪几类会计信息等问题。会计目标已经成了现代财务会计理论发展的重要依据和出发点。

2. 会计基本前提

现行财务会计的基本前提主要体现在会计主体、持续经营、会计分期、货币计量上。目前会计基本前提的内容和范畴也在逐渐发生变化，朝着更适用于经济增长方式的角度改变，将实效性作为会计基本前提改变的重要原则和发展方向。

3. 会计要素

目前会计要素主要包含财务状况要素和经营成果要素这两种，新形势下对会计要素的理解应结合财务会计的具体应用和实际发展。

（三）现代财务会计理论的变化

受到经济增长方式变化的影响，现代财务会计理论也在发生着积极的变化。其变化具体表现在以下几个方面。

1. 在持续经营概念的理解上发生了变化

在财务会计理论中，持续经营概念主要是对企业的经营时间有较为正确的认识，财务会计理论的建立都是以企业能够持续经营为基础制定的。但是受到知识经济发展方式的影响，在知识经济时代，企业的寿命越来越短，企业的经营时间存在较大的不确定性，持续经营概念在理解上也发生了一定的变化。在这种情况下，现代财务会计理论也将在持续经营概念上出现新的理解。

2. 在会计分期的概念上发生了变化

会计分期的概念主要是指企业能够对会计信息进行及时利用，并根据会计信息做出及时的决策。但是，受到知识经济发展的影响，会计信息的提供渠道越来越多，许多会计信息通过网络的方式在网上实现了共享，会计分期的概念发生了根本的变化。在这一影响下，财务会计理论中的会计分期和会计信息的定义也较传统的会计理论发生了许多变化。为此，要对会计分期概念的变化引起足够的重视。

3. 在货币计量的概念上发生了变化

在传统的财务会计理论中，货币计量的概念主要是建立在货币价值恒定的基础上的。但是在新知识经济时代，货币的价值随时都会发生变化，货币价值变化成了主流，由此而产生的货币计量的概念也发生了变化，单纯依靠原来的货币价值恒定的货币计量方式已经无法满足要求。因此，从目前知识经济发展的角度出发，货币计量的概念也在慢慢发生变化。

（四）现代财务会计理论的未来发展趋势

从上述分析可知，受到知识经济的影响，现代财务会计理论在发展中发生着重要变化，原有的一些规则和概念都出现了不同程度的变更，为此，应对现代财务会计理论的发展趋势进行深入分析。目前来看，现代财务会计理论的未来发展趋势主要表现在以下几个方面。

1. 会计基本假设得到了持续的创新

受到知识经济的影响，原有的会计基本假设面临着严峻的挑战，为了保证会计基本假设取得积极的效果，对会计基本假设进行了不断的创新。通过了解发现，会计分期假设将会对交易期进行变化，将交易期变成报表的报告期。

2. 会计人员知识结构的多元化成了新的发展方向

正是由于会计基本假设朝着持续创新的方向发展，会计人员的素质也必须得到持续提高，以此来满足会计理论知识的发展需要。从目前来看，知识经济的发展使得财务会计理论发生了变化，并且这种变化是持续的。由此也对会计人员的知识结构和专业素质提出了具体的要求，使会计人员的知识结构变得更加多元化。

3. 网络会计将会成为重要的会计发展方式

随着网络技术的快速发展，网络会计将会成为重要的会计发展方式。不但改变了传统会计的工作方式，还对会计工作规则和会计工作流程产生了重要影响，使会计工作将会朝着网络化、高效化的方向发展。

（五）未来财务会计发展的趋势

1. 会计核算向电子化发展

所谓的会计核算，主要就是运用计算机核算系统，以企业经营活动的全过程为主要依据进行会计信息的处理。可以对原始凭证确认输入到精确编制会计报表的整个过程进行系统化的完成。计算机系统在进行会计处理的时候不需要任何人工的干预，自身具有集中性和自动性，这样不仅提高了会计信息的工作效率，也提高了会计信息的准确性。并且在电子商务兴起以来，很好地方便了企业和外界的账目往来沟通，不需要再浪费过多的人工进行企业之间的沟通，直接可以通过电子货币的形式表现出企业间的账目往来关系。

2. 会计信息向开放化发展

对各个单位经济活动的披露统称为会计信息。伴随互联网会计信息系统的建立，企业的经济活动可以全部纳入企业的信息网中，同时还方便企业与外界的系统联结沟通。还可以方便企业内部机构进行会计资料的调阅和会计数据信息的获取，更好地扩大了会计信息的空间，加强了数据的开放性，使会计数据的处理呈现出集成化的趋势。

3. 会计人员向高智能发展

会计工作主要负责的就是企业资金管理等问题，最主要的就是对资金进行运算，明确资金的去向，加强对企业经济数据的分析，把控企业的经济活动，最主要的是一定要保证会计信息的真实性和准确性。从会计工作主要的职能就不难看出，企业对会计从业人员的要求很多，能够严格遵守国家的相关法律法规，熟悉企业的生产流程，加强对软件操作的熟练程度，在拥有专业的财务会计、管理会计相关知识的同时还要具有创新精神和创新能力。从社会的发展现状来看，任何企业都需要这种高智能型的复合人才。

4. 会计服务向真诚化发展

会计信息质量保证的媒介是会计服务单位，同时也是投资者维护权益的合法途径。会计行业的根本生存法则就是真诚守信，在一定程度上就对会计师失误多和相关会计服务机构提出了更高的要求，在进行会计服务的时候要加强真诚建设，营造公正气氛，加强对信息的公开，提升自身的服务意识。

5. 会计管理向多元化发展

会计网络信息系统最基本的功能就是对企业的资金进行科学化的核算、分析、管理和控制，在运用会计网络信息系统的同时，加入财务管理人员的参与还能够加强网络信息系统的功能性和预测性。会计管理的多元化主要表现在获取会计信息多元化、梳理会计信息多元化、披露会计信息多元化三个方面。这三个方面相互独立又相互联系，可以很好地促进企业财务会计的顺利发展。

二、财务创新与会计发展的融合性

（一）财务会计的发展趋势

1. 财务会计人员呈现出多元化发展的趋势

随着财务会计人员工作的深化，不仅要掌握专业知识，还要具备较强的逻辑思维能力，了解管理、计算机等方面的知识，拥有预测、分析和决策的基本理论，从而适应新时期的发展要求，实现会计人员知识结构的多元化发展，有效发挥财务会计人员的职责能力，顺应市场经济的发展，使企业真正拥有复合型的财务会计人才。

2. 财务会计工作呈现出创新发展的趋势

创新是企业发展的基石，现代化技术有助于减少收集、加工信息的障碍，企业财务会计工作同样如此，也需要进行创新，会计信息的决策有效期也会大幅缩短，因此只有创新发展才能符合时代发展的需要，我国企业的财务信息分析整理能力亟待加强。各企业之间的业务往来离不开财务会计工作，经济活动不确定性也有所增加，所以企业要想在激烈的市场竞争中处于不败之地就必须进行财务上的创新，包括财务核算方法和财务分析方法，因此企业财务会计人员必须认真履行职责，认真收集和处理财务信息，编制完整准确的企业财务报告，为使用者提供更为相关的决策依据，帮助企业提高经济效益和管理水平，同时准确地对财务信息进行整理分析，确保企业各项业务的顺利开展。

3．财务会计手段呈现出信息化和现代化发展的趋势

随着科技在各个领域行业中的应用越来越广泛，企业的各项信息化管理备受重视，也推动了传统财务会计向现代财务会计的发展。现代会计的信息化发展已经摒弃了传统的手工记账方式，未来也将使用更加现代化和自动化的财务系统。因此，必须充分发挥现代化的会计手段，重视会计信息化的实现，完成会计信息的收集和整理工作，保证提供会计信息的准确性和真实性，为企业管理决策打下良好的基础。为了打造符合时代发展需求的现代化财务会计信息系统，要坚持完善企业的财务系统，制定规范的财务报告制度的同时，将财务会计和现代信息化手段有机结合。在接纳新的会计核算方法的同时，企业还要从大局出发，充分发挥传统财务会计核算方法的作用，完善和健全财务会计核算系统。

4．财会会计操作流程呈现出简化发展的趋势

财务会计中应用信息技术后，财务会计工作的效率得到了很大提高，能够做到简化财务操作流程的同时保证会计信息的及时准确。财务会计人员必须全面掌握财务信息的内容，记录真实可信的会计信息，快速地处理相关数据，为企业最终决策提供科学有效的服务。

5．财务会计计量模式呈现出改进发展的趋势

第一，要进一步加强企业财务会计报表的附注内容，以便使财务会计信息符合真实准确的要求。目前我国财务报表的附注内容相对缺乏，使得财务信息失去了公信力，需要注意添加必要的内容，也可以通过改变计量属性来披露相关信息。第二，企业应该设立预测、决策和财务管理相关的部门和工作人员。随着企业规模的不断发展壮大，其会计信息使用者迅速增加，一方面编制财务收益表的工作需要进行改进，由于传统收益表只能反映出企业有利信息的内容，为了完整地反映出企业的收益水平，就要改变传统收益表，避免收益不完整的现象。另一方面，财务会计部门要及时提供相关信息，会计核算人员准确地反映企业盈亏

后，要按照市场发展趋势进一步制定相应的措施。

（二）财务会计创新发展的意义

信息技术的不断创新发展推动了企业经济的增长，在提高企业销售利润的同时，也增加了企业的经营风险，有的企业甚至已经无法掌控财务状况和资产盈利能力，面临巨大的挑战，这种情况下就必须建立完善的财务会计管理体系，无论是在法律法规还是管理体系方面，都要符合标准化、国际化的会计职能和全球经济一体化发展趋势，通过技术创新，将企业财务会计与国际接轨。财务人员也要全面掌握财务报告、信息状况和财务制度。传统的会计模式信息已经无法满足现实需求，要追求多元化的信息输出，因此建立财务会计管理体系已经是我国财务会计发展的重中之重。

财务会计必须创新的原因之一是现代企业财务会计核算重点已经发生了巨大的变化，尤其是在文化创意产业迅速发展的情况下，无形资产在企业资产总额中所占的比例越来越大，使无形资产成了衡量企业价值的重要标准，改变了传统企业以物质资源为主的局面，同时也决定了企业的实际价值。因此，财务会计的具体处理方法和处理模式都发生了较大变化，逐渐把重点放到了无形资产核算，在企业财务报表里也为了全面掌握企业整体经营活动而引入了无形资产项目。

（三）企业财务会计创新发展的策略

1. 加强会计核算的创新

目前的人力资源会计包括成本会计和价值会计两部分构成，前者的计量方法包括历史成本法和重置成本法，反映了企业人力资源投资的资本化；后者的计量方法包括经济价值法、内部竞价法和未来工资贴现法，反映了企业对人力资源产出的资本化。作为企业在选择人力资产计量方法时必须科学合理，人力资源资本化取决于劳动力的市场化发展，计量人力资产使用未来工资贴现法更加适宜，因为通过价格来计量工资可以分期支付。

2. 加强会计法规制度的创新

财务会计的创新也包括会计制度的创新，会计制度要向国际化、规范化方向发展，突破传统标准，与国际接轨，与国际体系相融合。

3. 加强会计人员的创新

企业要想方设法创造有利条件，提高财务会计人员的综合能力和素质。例如，组织培训学习、交流和讨论，对机构进行改革，提高财务人员的专业知识水平，提升其计算机操作水平和管理能力，锻炼其实践应用能力等。

随着企业规模不断扩大，创新已经成为其迅速和持续发展的重点，各种科技力量也融入了企业的各个方面，从财务会计工作的角度来说，更加需要与时俱进进行创新，这是决定企业成败的关键。所以，我国企业应该努力创新财务方面的先进技术和方法，推动财务工作上一个新台阶，只有全新的理念创新才能为企业创造更大的价值。

三、财会工作的创新性发展路径

财会工作是一项系统性很强的综合性经济管理工作，为了适应市场经济的发展，财会工作必须创新。

（一）树立财会工作的新观念

1. 认真提高会计工作质量，加强科学管理

会计工作是一项严密细致的管理工作，会计所提供的会计信息，需要经过会计凭证、会计账簿、会计报表等一系列方法及相应的手续和程序，进行记录、计算、分类、汇总、分析、检查等工作。科学地组织会计工作，使会计工作按预先规定的手续和处理程序进行，可以有效地防止差错，提高会计工作的效率，增强会计工作者的科学管理意识。

2. 增强会计工作者的创新意识

会计工作是企业经济管理工作的一个部分，它既独立于其他的经济管理工作，又与其他经济管理工作有着密切的联系。会计工作一方面能够促进其他经济管理工作，另一方面也需要其他经济管理工作的配合。

只有这样才能充分发挥会计工作的重要作用，从而增强会计工作者的创新意识。

3. 提高会计工作者的协调能力，和谐管理意识

企业内部的经济责任制离不开会计工作，科学地组织会计工作可以促使单位内部及有关部门提高资金的使用效率，协调各部门间的关系，提高单位经济效益，提升经济管理水平，并对经济预测、经济决策、业绩评价等工作提供支持，从而加强单位内部的经济责任制。

（二）必须具有服务的创新精神

1. 要有任劳任怨地为群众服务的精神

对于会计工作和会计工作者来说，受到的质疑与谴责似乎比得到的鲜花与掌声更多。其实瑕不掩瑜，数以千万的会计工作者们大多以勤勉与正直来维护职业尊严，而其中又不乏出类拔萃者。会计工作是为群众服务的工作，有不被群众所理解的地方。作为会计工作者要宽宏大量，任劳任怨，一心一意为群众服务。

2. 要有爱岗敬业的服务精神

会计工作者应该转变观念，弘扬爱岗敬业精神。服务是无形的却是有情的。发挥会计服务职能，转变会计人员的思想观念，在核算、监督的同时，做好服务工作。只有服务功能的充分发挥，才能体现会计工作的前移，由事后的核算监督移到事前的服务。也只有会计人员转变观念，增强服务意识，才能更好地弘扬爱岗敬业精神，从自身做起，从本职岗位做起，认真履行自己的职责，为企业的生存和发展而努力工作。

3. 提高会计工作者的个人业务素质，加强自身学习

增强教育，提高会计人员整体素质。增强会计人员的服务意识，关键在平时教育。单位领导、财会部门负责人应该经常组织会计人员学习，提高会计人员的个人素质。只有会计人员的素质普遍提高了，每个会计人员才能端正工作态度，增强服务意识，想企业之所想，急职工之所急，认真履行自己的职责，加强会计基础工作，实现规范化管理，提高会计工作质量。强化培训，提高会计人员业务素质。会计服务职能的

发挥，很大程度上依赖于会计人员业务素质的提高。会计人员业务素质高，会计提供的服务质量才可能好。因此，必须注意会计人员的业务素质教育，加强会计专业知识和专业技能的培训，提高会计队伍整体素质水平。会计人员自己也应有紧迫感、压力感，明确工作目标，找出自身不足，并通过一定的学习形式，提高自己的业务素质，积极主动地提供服务，在服务过程中锻炼和提高自己。

（三）财会工作是单位企业的好帮手

1. 认真贯彻执行会计法

《会计法》是我国社会主义市场经济法律体系中的一部重要法律，是规范会计行为的基本法律规范，为有效发挥会计工作在加强经济管理，提高经济效益，维护社会主义市场经济和社会公共利益中的职能作用提供了强有力的法律保障。会计工作者应继续深入贯彻《会计法》，求真务实、奋发进取、扎实工作，不断开创会计工作新局面，为完善社会主义市场经济体制做出新的更大贡献。

2. 会计工作者是决策信息的提供者，是领导的参谋者

一个单位的兴衰与会计工作有至关重要的作用，尤其在市场经济瞬息万变的今天，会计数字的"演变"关系着单位的前途。一个领导新的决策源于会计工作中"1、2、3、4"的变化。所以，会计是信息的提供者，又是单位领导的参谋者，会计工作者在经济实体中俗称"内当家"。

认真做好会计工作对于贯彻执行国家的方针、政策和法令、制度，维护财经纪律，建立良好的社会经济秩序具有重要的意义。做好会计工作是创新型社会发展的需要，会计工作者要适应市场经济的发展，努力提高自身的理论水平，增强服务意识。

（四）信息时代下财务会计工作创新的途径

1. 信息时代下加强财务会计工作创新管理的必要性

（1）促进信息时代下财务会计核算的开展

随着信息化时代的来临，企业财务会计的工作创新思维变得越来越重要，它已经成为确保企业财务安全的重要保障。技术的发展带来了很

多观念上的革新，企业的无形资产已经逐渐占据越来越重要的位置，它们对企业的整体价值起到了至关重要甚至是决定性的作用。当企业对自身的无形资产进行核算时，其处理方式已经相较于传统财务工作发生了明显变化。引入无形资产至企业财务的报表中是当前企业为应对信息化时代财务工作变革而采取的有效措施，因此，创新对于信息时代的财务会计核算具有极其重要的意义。

（2）适应财务会计工作职能标准化和国家化的发展需求

如今经济全球化、经济一体化，因此有关企业财务的管理体系和制度也应逐渐完善，同国际接轨，而这也需要财务人员不断创新工作方法和工作内容。与此同时，作为财务会计工作人员来说，财务会计的制度以及企业的信用都要结合财务工作的实际情况进行掌握。

2. 财务会计在信息化时代中的管理创新途径

（1）提高思想认识

企业财务工作人员应充分认识到财务创新的重要意义，结合新的市场环境明确财务工作的具体要求。与此同时，企业领导部门应加强制度建设和管理，根据企业本身的具体需求制定相应的策略。为切实提高财务会计人员的思想认识，企业可以组织员工培训，安排权威人士来企业举办讲座，或安排企业会计人员外出进行培训。企业还应定期对员工进行专业考核，奖励成绩优异的财务人员，惩罚考核不过关的财务人员，充分引起财务工作人员对财务工作的思想重视程度。

（2）提高会计信息化质量

财务管理工作应顺应新时代的潮流，实现信息化管理，稳步提升企业财务管理工作的实效性，确保企业财务信息达到准确可靠的要求。企业财务工作者应严格按照财务管理的规章制度进行操作，遵守职业规范和道德规范。同时，精确的财务会计信息也能为企业领导的决策提供正确参考，这也符合信息化时代的具体要求。企业领导和财务管理人员都应充分重视信息化时代下新技术在财务工作中的应用，借此构建出一套先进全面的财务管理系统，强化数据完善，保障财务信息的真实性及有效性。

（3）健全财务会计法律

信息化时代对财务工作的要求也产生了较大的改变，因此政府部门也应顺应时代发展，健全并完善相关的财务制度，为财务工作的有效开展奠定坚实的基础。政府部门应制定相关的法律法规，明确财务会计工作人员的具体职责及权限，并要求他们严格依照具体的规定和制度履行自己的职责，完成自己的使命，做好每一项财务会计工作。

（4）强化企业的内部监控

在信息化时代下，企业必须通过创新并加强财务内部控制的方式保障资金安全。企业可以建立并完善对内部财务活动的监督机制，同时随时根据市场信息进一步完善企业的监督制度。关于企业的内部监督机制，其主要内容有监督企业的资金流向及流量，还有各资金使用项目的具体情况，确保企业财务信息具有高可靠性，切实保障企业自身利益。企业通过建立完善内部控制制度的方式，能够非常有效地杜绝财务人员出现以权谋私等各种违法行为。另外企业在制定具体的监督制度规定时，应明确财务人员的职责划分，实现谁违规、谁负责的制度执行方法，针对性地明确职责职权，建立行之有效的企业内部监督制度。

参考文献

[1]张慧娟,卢有秀.财务管理[M].北京:中国经济出版社,2022.

[2]靳磊.财务管理实务 第5版[M].北京:高等教育出版社,2022.

[3]任翠玉,宋淑琴.财务管理[M].沈阳:东北财经大学出版社,2022.

[4]贾会远.财务管理[M].北京:中国纺织出版社,2022.

[5]杨桂洁.基础会计[M].北京:人民邮电出版社,2022.

[6]黄虹,洪兰.财务管理[M].北京:清华大学出版社,2022.

[7]阮晓菲,王宏刚,秦娇.财务管理模式与会计实务[M].长春:吉林人民出版社,2021.

[8]袁建国,周丽媛.财务管理 第7版[M].沈阳:东北财经大学出版社,2021.

[9]吴可灿,黄涛,唐开兰.财务管理与会计基础[M].北京:中国华侨出版社,2021.

[10]马勇,肖超栏.财务管理[M].北京:北京理工大学出版社,2021.

[11]杨启浩,张菊等.现代企业财务管理与管理会计的融合发展[M].长春:吉林科学技术出版社,2021.

[12]郭艳蕊,李果.现代财务会计与企业管理[M].天津:天津科学技术出版社,2020.

[13]陶燕贞,李芸屹.财务管理与会计内部控制研究[M].长春:吉林人民出版社,2020.

[14]孙怀安.会计基础与财务管理[M].长春:吉林科学技术出版社,2020.

[15]申晖.财务管理与会计实践[M].长春:吉林教育出版社,2020.

[16]许骞.财务管理与会计实践[M].西安:西北工业大学出版社,2020.

[17]章勇.会计与财务管理[M].西安:西安出版社,2020.

[18]席蕊.财务管理与会计实践研究[M].天津:天津科学技术出版社,2020.

[19]张煜.财务管理与会计实践研究[M].西安:西北工业大学出版社,2020.

[20]张丽,赵建华,李国栋.财务会计与审计管理[M].北京:经济日报出版社,2019.

[21]吴朋涛,王子烨,王周.会计教育与财务管理[M].长春:吉林人民出版社,2019.

[22]安存红,周少燕.管理视角下的财务会计新论[M].延吉:延边大学出版社,2019.

[23]董俊岭.新经济环境背景下企业财务会计理论与管理研究[M].北京:中国原子能出版社,2019.

[24]陈湘州.财务会计与管理决策[M].天津:天津人民出版社,2019.

[25]刘争艳,张秀秀,魏玮.财务管理与会计核算[M].北京:中国纺织出版社,2019.

[26]邢莉,王健,郝亮.会计核算与财务管理[M].沈阳:辽海出版社,2019.

[27]孙齐红,王健,胥佳慧.企业管理与财务会计[M].沈阳:辽海出版社,2019.

[28]岳洪彬.财务管理与会计实践研究[M].哈尔滨:哈尔滨地图出版社,2019.

[29]谢经渠,付桂彦.财务管理与会计实践研究[M].长春:吉林教育出版社,2019.

[30]黄延霞.财务会计管理研究[M].北京:经济日报出版社,2018.

[31]吴应运,刘冬莉,王郁舒.财务管理与会计实践[M].北京:北京工业大学出版社,2018.

[32]倪向丽.财务管理与会计实践创新艺术[M].北京:中国商务出版社,2018.

[33]刘斌,张彩萍,任香芬.财务管理与会计基础[M].沈阳:辽宁大学出版社,2018.